Christian Lehnert (Hrsg.)

»Denn
wir
wissen
nicht,
was wir
beten
sollen...«

Über die Kunst
des öffentlichen
Gebets

➤ zusa
dem
Christian Lehnert

➤ praktische Beispiele
für öffentliche Gebete

➤ für Pfarrer und Ehrenamtliche

Christian Lehnert (Hrsg.)
**»Denn wir wissen nicht,
was wir beten sollen ...«**
Über die Kunst des öffentlichen Gebets
Impulse für Liturgie und Gottesdienst | 1

112 Seiten | 13,5 x 19 cm | Paperback
ISBN 978-3-374-03756-8   € 14,80 [D]

Viel ist heute von einer Krise des Gebetes die Rede. In dem Maße, wie die kulturellen Kontexte und spirituellen Prägungen unserer Gemeinden vielgestaltiger und die Erwartungshorizonte an das öffentliche Gebet diffuser werden, verliert sich die Routine.

Die »Kunst«, öffentlich zu beten, fordert eine verstärkte Kreativität und Reflexion. Dem will dieses Buch dienen und allen, die vor der Aufgabe stehen, laut und mit anderen zu beten, unterstützende Anregungen geben.

Das Buch versammelt Beiträge aus der Feder von Theologen und Schriftstellern, von Machern und von Betroffenen, von Lehrenden und von Suchenden, die sich unterschiedlichen Aspekten des öffentlichen Gebetes zuwenden. Es handelt sich um einen praxisnahen Versuch, Reflexion und Handlungsvorschläge zu verbinden – zu einer Sprachschule des Gebets.

EVANGELISCHE VERLAGSANSTALT
Leipzig   www.eva-leipzig.de

Bestell-Telefon 0341 711 41 16 · Fax 0341 711 41 50 · vertrieb@eva-leipzig.de

Liebe Leserinnen und Leser,

Matthias Spenn,
PGP-Schriftleiter

Mit diesem Heft nehmen wir Sie mit auf Reisen. Reisen, Pilgern, Unterwegssein sind Motive, die religiösen Menschen, insbesondere im jüdischen, christlichen und muslimischen Kontext, geradezu wesenseigen sind: Gott ruft Menschen heraus aus ihren Gewohnheiten und Routinen, Selbstverständlichkeiten und Verstrickungen, um sie in Neues zu führen, ihnen neue Perspektiven zu ermöglichen, um mitunter auch wieder heimzukehren, um das Alte in neuem Licht zu sehen.

Reisen bildet – ein Motiv, das den Urvätern und -müttern des Glaubens in der biblischen Überlieferung eigen ist und das das Leben Jesu und der Apostel zur Zeit des Neuen Testaments ausmachte. Dagegen ist das Motiv der Beheimatung in der Gemeinde und Kirche ein eher fremdes und relativ junges Motiv.

Reisen bildet – in religiöser Dimension geschieht das auf mehreren Ebenen: Reisen ist für den Reisenden oder die Reisende eine Bildungsgelegenheit – die Persönlichkeit reift und das Wissen nimmt zu. Zugleich waren besonders die Reisen der Apostel und die Reisen Jesu dazu angetan, den Glauben auszubreiten und damit zur Bildung von Menschen, Gemeinschaften und Gesellschaften im Horizont des Glaubens beizutragen, also andere zu bilden.

Reisen bildet – seit jeher, wenn auch nach langer Pause in den letzten Jahren erst wieder in ganz neuer Bedeutung, ist Pilgern eine Form des bildenden Reisens – des Reisens nach innen und außen, als Buße und als Weg zu sich selbst und zu Gott.

Freilich ist das moderne Reisen – als Form des Urlaubs, als bildungsorientiertes Event zu antiken Ausgrabungsstätten, an sonnige Palmstrände oder in extreme Höhen und nicht zuletzt in Form von Geschäftsreisen – noch recht jung. Es hat mit Industrialisierung, mit Mobilität, mit Wohlstand, mit moderner Arbeit und Freizeit zu tun. Aber auch hier geraten immer wieder religiöse Dimensionen dazwischen.

Für die Arbeit mit Kindern und Jugendlichen – auch sie ist in der gewohnten Form ja relativ neu – sind Fahrten und Lager, Freizeiten und Touren sozusagen profilbildend, nicht nur bei Pfadfindern: Gleichaltrige und Gleichgesinnte verbringen Zeit miteinander, lernen in der Gruppe, haben Spaß, teilen das Leben, leben im Glauben.

Auf all diese Dimensionen von Reisen, Pilgern, Unterwegssein, die in der gemeindepädagogischen Arbeit eine Rolle spielen, weisen wir in dieser Ausgabe hin. Allein schon die Arbeit an dem Heft hat Lust gemacht auf Reisen. Wir nehmen Sie, liebe Kolleginnen und Kollegen, mit auf die Reise, um pädagogische und theologische Perspektiven aufzuzeigen und Anregungen zu geben für die eigene Praxis.

Daneben noch ein Tipp: Vielleicht haben Sie mal Lust, nach Berlin zu kommen. Am 16. Mai 2014 führen wir dort eine Tagung durch, erstmals in dieser Form zu einem Thema, das zunächst vielleicht gar nicht so klingt, als ob man sich dazu auf Reisen begeben möchte: »Wozu zählen …? – Vom Nutzen von Statistiken für die gemeindepädagogische Praxis«. Bitte nehmen Sie dazu das Faltblatt zur Kenntnis und vielleicht auf ein frohes Wiedersehen im Mai in Berlin.

Ihr

WOZU ZÄHLEN …?
VOM NUTZEN VON STATISTIKEN FÜR
DIE GEMEINDEPÄDAGOGISCHE PRAXIS

Diese Ausgabe enthält ein Falblatt der PGP-Redaktion mit der Programmankündigung »Wozu zählen …? – Vom Nutzen von Statistiken für die gemeindepädagogische Praxis«

sowie folgende Beilagen:
- EMV Missionshilfe Verlag, Hamburg;
- Reise-Werk, Hüttenberg;
- Vandenhoeck & Ruprecht, Göttingen;
- Verlag Junge Gemeinde, Stuttgart;
- Gemeinschaftswerk Evangelischer Publizistik, Frankfurt/Main;
- Evangelische Verlagsanstalt, Leipzig.

Wir bitten um freundliche Beachtung.

Auf Reisen

Meditation zum Thema der Ausgabe

Matthias Röhm

7:30 Uhr. Samstagmorgen. Berlin-Hauptbahnhof. Eine kleine Gruppe, fröhlich schnatternd, macht sich auf den Weg. Das Ziel: die Wunderblutkirche in Bad Wilsnack. Auf den Spuren eines alten Pilgerpfades. Im Gepäck: neben Essen und Trinken – eine Bibel. Geschichten vom Reisen.

Die Bibel ist mein liebstes Reisebuch. So viele verschiedene Berichte und Geschichten rund um das Reisen sind darin enthalten, Reisen zu Fuß, auf einem Tier, in einem Wagen, auf Schiffen, ja sogar von »Flugreisen« wird berichtet.

Manche der Reisen waren eher unfreiwillig, wie bei Adam und Eva, andere dauerten länger als ursprünglich angenommen, wie bei der »Wüstenwanderung« des Volkes Israel. Genau betrachtet, geht es bei der Bibel immer um das Reisen, von Anbeginn der Welt hin bis zur Wiederkehr Jesu Christi – und darüber hinaus. Man kann sogar von einer Theologie des Reisens sprechen.

Geht es darin doch stets um die Beziehung zu Gott, um Vertrauen, um Glauben. Abraham macht sich auf den Weg, mit Sack und Pack, mit Mann und Maus. Paulus reiste durch die ganze bekannte Welt, um den Menschen von dem Wort Gottes zu erzählen. Reisen voller Gefahren. Und – unser ganzes Leben ist eine Reise, von Geburt an sind wir unterwegs, eine Reise, die nicht an den Gräbern endet. Unser fester Glaube sagt, dass die Reise weitergeht, über den Tod hinaus.

Reisen sind für unsere gemeindepädagogische Praxis eine Bereicherung. Wir können uns natürlich zuhause, am Schreibtisch oder im Gruppenraum mit Reisen und Geschichten der Bibel beschäftigen. Das ist gut und schön. Doch an Lebendigkeit, an Farben gewinnen sie, wenn wir uns selbst auf den Weg machen. Gleich ob an die Stätten der Bibel und Kirchengeschichte, oder einfach so an einen Ort, begleitet von den Worten der Bibel. So wie wir heute früh am Bahnhof. Wir werden hineingenommen in eine Erfahrungswelt, die uns mit anderen Menschen verbindet, die Gemeinschaft schafft. Innerhalb der Gruppe, fröhlich schnatternd, und über Generationen hinweg mit Menschen, die sich auf den Weg machten und machen werden. Und nicht zuletzt im Vertrauen auf den Reise-Segen.

Matthias Röhm, Studienleiter für religiöse Bildung im Jugendalter und Konfirmandenarbeit im Amt für kirchliche Dienste in der Evangelischen Kirche Berlin-Brandenburg-schlesische Oberlausitz (EKBO), Berlin, sowie Mitglied der Redaktion der Zeitschrift Praxis Gemeindepädagogik

Mit Kindern die Bibel erleben ...

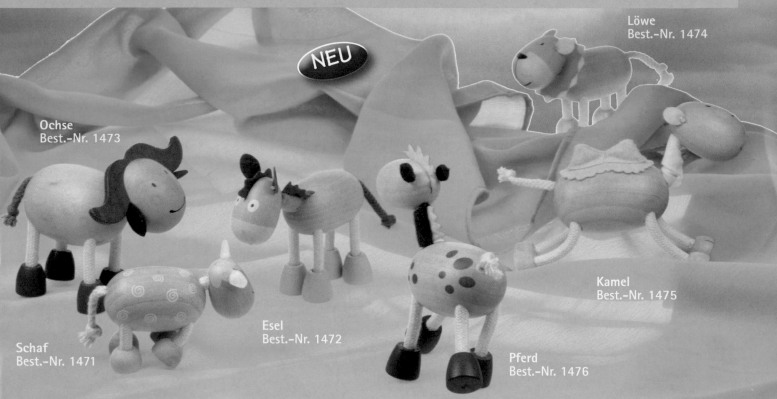

NEU

Löwe
Best.-Nr. 1474

Ochse
Best.-Nr. 1473

Kamel
Best.-Nr. 1475

Esel
Best.-Nr. 1472

Schaf
Best.-Nr. 1471

Pferd
Best.-Nr. 1476

Tiere, die in der Bibel vorkommen: eine Ergänzung zu unseren Biegepuppen. Damit biblische Geschichten noch anschaulicher und „handgreiflicher" erzählt werden können.
Je Biegetier: 6,90 €, Setpreis (alle 6 Biegetiere): 35,- €, Best.-Nr. S1470

NEU

NEU

NEU

Neue Biegepuppen-Sets

Biegepuppen-Set „Großfamilie" (oben rechts)
6 Biegepuppen im Set. Als Ergänzung zu unserem Biegepuppen-Programm mit Figuren aus der Bibel
Maße: 9 - 11 cm groß, Setpreis 39,90 €, Best.-Nr. 1407

Biegepuppen-Set „Moderne Familie" (oben links)
4 Biegepuppen im Set, 9 - 11 cm groß
Setpreis 29,90 €, Best.-Nr. 1406

◄ **Regenbogen aus Holz**
Eindrucksvolle Zusammenstellung von 7 farbigen Rundbögen.
Zur Arche Noah und zu anderen biblischen Geschichten vermittelt dieser Regenbogen auf eindrucksvolle Weise, dass Gott die Erde und die Menschen liebt und nicht alleine lässt.
Maße: 25,5 cm breit, 5 cm tief, 13 cm hoch
24,- €, Best.-Nr. 1397

Wunderbare Schöpfung

Aus dem Dunkel ins Licht: Halbedelsteine

NEU

NEU

Schatzkisten (Holz) mit Verschluss

Für die unten angebotenen Halbedelsteine oder für andere spannende Materialien

Schatzkiste klein (leer)
9,5 x 7 cm, 3,90 €
Best.-Nr. 1479

Schatzkiste groß (leer)
15 x 10,5 cm, 5,90 €
Best.-Nr. 1480

Folgende Halbedelsteine bieten wir einzeln oder im Beutel/Box an:

Die Steine kommen hauptsächlich aus Mexiko und Südamerika

NEU

Beutel mit bunter Mischung
Beutel 500 g,
ca. 30 geschliffene Halbedelsteine
Beutel 35,- €, Best.-Nr. 1491

Amethyst Stufen
einzeln 1,- €
Best.-Nr. 1489

Überraschungsnüsse
(Paket mit 15 echten Walnüssen)
Außen eine echte Wallnuss – doch innen steckt ein wunderschöner Halbedelstein. Set mit 15 Nüssen in einer Pappschachtel, 28,- €, Best.-Nr. 1384

Tigerauge
einzeln 1,- €
Best.-Nr. 1486

Chalkopyrit
einzeln 2,90 €
Best.-Nr. 1484

Versteinerte Holzscheiben (5 cm)
einzeln 2,90 €, Best.-Nr. 1490

Versteinerte Holzsteine
einzeln 1,- €
Best.-Nr. 1492

Bergkristall Herz
einzeln 2,90 €, Best.-Nr. 1482

Bergkristall Spitzen
einzeln 1,- €
Best.-Nr. 1481

Kristalle und Mineralien (Set)

Kristalle in einer Dose aus Kunststoff
mit Infoblatt zu den Steinen

120 g, 6,90 €
Best.-Nr. 1291

Ammonit irisierend
einzeln 1,90 €
Best.-Nr. 1487

Achat Mini-Geoden
einzeln 2,90 €, Best.-Nr. 1483

Rosenquarz
einzeln 1,- €, Best.-Nr. 1485

Schmucksteine (Set)

Halbedelsteine in einer Dose aus Kunststoff
mit Infoblatt zu den Steinen.
150 g, 4,90 €
Best.-Nr. 1290

Aventurin dunkel
einzeln 1,- €
Best.-Nr. 1488

Kamishibai. Weitere Materialien zum Erzählen

Israel-Haus (ohne Puppen)
Einfach zusammenstecken, und schon kann erzählt werden.
Bemalte 6 mm MDF-Platten, 25 x 30 cm
29,- €, Best.-Nr. 549

Kamishibai (A3-Erzähltheater)

Entdecken Sie die vielfältigen Möglichkeiten dieses praktischen Erzähltheaters!
Bildgeschichten erzählen (z.B. mit unseren farbigen biblischen Bildkarten), Szenenbilder selbst gestalten, mit Transparentpapier als Schattenspielbühne, mit Biegepuppen als Geschichte mit Rahmenhandlung inszenieren u.v.m.
MDF-Platten (Holz), farbig lackiert, Maße: 56 cm breit, 40 cm hoch (geschlossen), 109 cm (geöffnet)
Gewicht: 3,15 kg, 48,- €, Best.-Nr. 568

NEU

Das letzte Abendmahl
Best.-Nr. 3397

Der Kreuzweg Jesu
Best.-Nr. 3263

Jesus ist
auferstanden
Best.-Nr. 3233

Gott schenkt uns seinen
Geist - Pfingsten
Best.-Nr. 3264

Jesus segnet
die Kinder
Best.-Nr. 3238

NEU

Maßstab: 1 : 400

Tempel in Jerusalem
Detailreicher Bausatz des Herodianischen Tempels
(mittlerer Schwierigkeitsgrad)
Maße: 55 lang (aufgebaut)
19,90 €, Best.-Nr. 3396

NEU

NEU

**Via Lucis - Der Lichtweg von
Ostern bis Pfingsten**
Best.-Nr. 3398

Zum Kamishibai A3 bieten wir folgende Bildsätze zu Passion/Ostern und Pfingsten an:

- Das letzte Abendmahl, Best.-Nr. 3397   NEU
- Via Lucis - Der Lichtweg von Ostern bis Pfingsten
  Best.-Nr. 3398   NEU
- Der Kreuzweg Jesu, Best.-Nr. 3263
- Jesus ist auferstanden, Best.-Nr. 3233
- Gott schenkt seinen Geist – Pfingsten
  Best.-Nr. 3264
- Jesus segnet die Kinder, Best.-Nr. 3238

Je 12 vierfarbige Bildkarten auf festem 300g-Karton.
Der Erzähltext ist jeweils auf einer separaten Bild-
karte gedruckt
Je Bildsatz 12,95 €

Holzkegel-Figuren zum Bekleiden und Bemalen
XXL: 16,5 cm, einzeln 1,90 €, Best.-Nr. 1454   NEU
je 10 Kegel im Beutel:
groß: 10 cm, 12,90 €, Best.-Nr. 1208
mittel: 7 cm, 9,90 €, Best.-Nr. 472
klein: 5 cm groß, 5,90 €, Best.-Nr. 471

Holzkreuz „Ostersonne"
Mit schwarzer Kontur einer Ostersonne zum Ausma-
len (s. Beispiel oben) und Umhängeband,
9 x 9 cm, 3 mm dick
Sonderpreis je 2,- €
Best.-Nr. 1192

Engel aus Kirschholz
groß: 18 cm , 12,90 €, Best.-Nr. 1178
mittel: 9,5 cm, 8,90 €, Best.-Nr. 1187
klein: (mit Schnur): 7,5 cm, 4,90 €, Best.-Nr. 1188

Religionspädagogische Hilfen

Gebete und Symbolbildkarten

Gebete im Morgenkreis

Für Kindergarten und Grundschule

Inhalt:

▶ Schatzkiste aus Holz mit Schnalle (15 x 11 x 10 cm)
▶ ca. 80 Gebetskarten, geordnet nach Sachgruppen
▶ blauer Beutel „Danke" mit
▶ Herzstein (Handschmeichler)

Gebete von Monika Sander

Der Herzstein wird herum-
gereicht. Hält ihn ein
Kind in der Hand, darf es
Gott etwas sagen, z. B. eine
Frage beantworten oder ein
Gebet sprechen.

ca. 19,90 €, Best.-Nr. 1453

Monika Bücken-Schaal

Meditationen und Stilleübungen für Kinder

In Kindergarten, Grundschule und Kinderkirche
- 2 bis 9 Jahre -

Die 7 komplett ausgearbeiteten Einheiten sind
zu den Themen: Wasser, Hände, Steine, Sonne,
Versöhnung, Stille, Abschied. Die kindgerechten
Übungen eignen sich besonders für altersge-
mischte Gruppen.

Mit Symbol- und Gebetskarten als metho-
disches Zusatzmaterial

120 Seiten, Format 19,5 x 17,5 cm, kartoniert,
mit farbigen Illustrationen
15,95 €, Best.-Nr. 2090

NEU

Symbolbildkarten-Set „Trauer und Trost"

Für die Gruppenarbeit in Gemeinde und Schule. Jedem Set liegt ein Heft mit wertvollen Texten zum Thema bei.
20 Motive bzw. 40 Karten in einer Pappbox, Maße der Karten: 10,8 x 8,5 cm, Setpreis 14,90 €, Best.-Nr. 1355

NEU

Symbolbildkarten-Set „Die Schöpfung so schön"

Für die Gruppenarbeit in Gemeinde und Schule. Jedem Set liegt ein Heft mit wertvollen Texten zum Thema bei.
20 Motive bzw. 40 Karten in einer Pappbox, Maße der Karten: 10,8 x 8,5 cm, Setpreis 14,90 €, Best.-Nr. 1460

NEU

Symbolbildkarten-Set „geKREUZigt"

Für die Gruppenarbeit in Gemeinde und Schule. Jedem Set liegt ein Heft mit wertvollen Texten zum Thema bei.
20 Motive bzw. 40 Karten in einer Pappbox, Maße der Karten: 10,8 x 8,5 cm, Setpreis 14,90 €, Best.-Nr. 1461

Den Glauben stärken für Schule und Gemeinde

Standardwerke für die Arbeit mit Kindern

NEU

Symbolkreuz zweigeteilt

Mit braunem und hellem Holzholm, handgefertigt
Maße: 28 cm hoch, 14,5 cm breit,
Sockel: 14,5 x 5 cm

22,90 €, Best.-Nr. 1495

NEU

Jesusboot mit Holzsegel (ohne Insassen)

Dem Fund eines Bootes im See Genezareth aus der
Zeit Jesu nachempfunden.
Maße: ca. 28 cm lang, 22 cm hoch (mit Segel),
13 cm breit, 49,- €, Best.-Nr. 1275

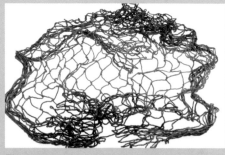

Fischernetz

Maße: 60 x 125 cm, dunkelblau
9,90 €, Best.-Nr. 1288

Eine Mitte gestalten mit Knautschsamt-Tüchern XXL

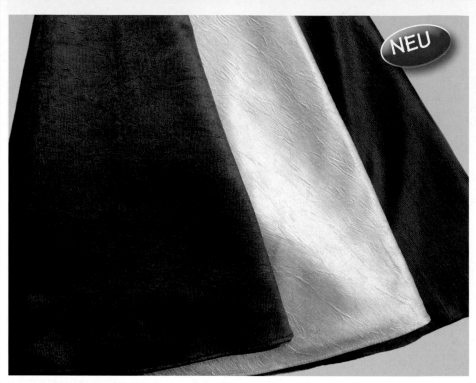

NEU

Rundtücher XXL: Knautschsamt (in drei Farben)

Schön gemusterte neue Tücher, die sich für die Arbeit in der Gruppe hervorragend eignen.

▶ Königsblau (Best.-Nr. 1455)
▶ Dunkelrot (Best.-Nr. 1456)
▶ Goldfarben (Best.-Nr. 1457)

Maße: Ø ca. 120 cm, Gewicht pro Tuch: ca. 230 g, einzeln 12,90 €

Der Spielesack „Let´s play" mit Spielekartei

Im formschönen, tragbaren Holzköf-
ferchen
Spiele für Kindergruppen. Für drinnen
und draußen

Set Koffer und ca. 120 Karten:
19,90 €, Best.-Nr. 1430

Sack komplett
mit Spielekartei und Zubehör
(rund 20 verschiedene
Artikel in z.T. größerer Anzahl)

Gesamtpreis: 139,- €

Best.-Nr. S1385

6

Der Jugendfreund

Mit Geschenken Kindern Freude bereiten

NEU im Frühjahr 2014

Artikel zum einmaligen Schnäppchenpreis
Restposten - solange Vorrat reicht!

Segensbänder

Drei neue Segensbänder NEU
mit Blinddruck

Ein Segenswort am Arm mit sich zu führen, hat eine besondere Note - für sich selbst und für andere.

Die Segensbänder haben folgende dezente, unaufdringliche Prägung:

Gott ist bei mir. Ich bin gesegnet.
Maße: 21 cm lang, 1,2 cm breit

Best.-Nr. grün: 344
Best.-Nr. blau: 345
Best.-Nr. orange: 346

Einzelpreis: je 1,– €, ab 25 Stck. 0,70 €
gemischte Mengenpreise

Jfrd.-Sonderausgaben

NEU

Neue Sonder-Nummern „Für dich!"

zu spezifischen Themen aus dem evangelischen Mitmachheft „Der Jugendfreund"

▶ Geburtstags–Erinnerungsheft
   Best.-Nr. 106
▶ Einladungsheft KiGo
   Best.-Nr. 107
▶ Ferienheft für Regentage
   Best.-Nr. 108

Je 4 Farbseiten, Format: 21 x 28,8 cm
Einzelpreis: je 0,80 €, ab 25 Ex.: 0,60 €
gemischte Mengenpreise

Das etwas freche Hirtenspiel - zu Ps 23
Würfelspiel DIN A4
Einzelpreis: 0,80 €,
ab 25 Ex.: 0,60 €, Best.-Nr. 057

NEU

Gebetsscheibe
Bastelbogen DIN A2, gefalzt auf A4
Sonderpreis: 1,50 €
Best.-Nr. 026

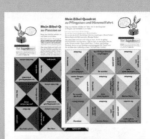

Bibel-Quadrat
2 Spielbogen – A4
Sonderpreis: á 0,80 €
Best.-Nr. „Ostern": 053
Best.-Nr. „Pfingsten": 054

Sonntagskinder
Materialsammlung
Sonderpreis: 3,90 €
Best.-Nr.: 046

125 biblische Rätsel
136 Seiten, Format: A5 quer, durchgehend vierfarbig
Sonderpreis: 2,– €
Best.-Nr. 038

Samentütchen
mit Vergiss-mein-nicht-Samen
Sonderpreis: 0,80 €
Best.-Nr. 055

Sonntagskinder
CD mit 10 Liedern/Playback
Sonderpreis: 4,90 €
Best.-Nr.: 312

Liturgie-Bastelkirche
DIN A3, gefalzt auf DIN A4
Sonderpreis: 1,50 €
Best.-Nr. 043

Solartaschenlampe mit Anhänger
Sonderpreis: 2,90 €
Best.-Nr. 216

Post-it-Zettelblock
Puzzle-Block mit 100 Zetteln
Sonderpreis: 2,– €
Best.-Nr. 280

Gebetebüchlein
Format DIN A6, 20 Seiten
Sonderpreis: 1,– €
Best.-Nr. 051

Brustbeutel natur
2 Reißverschlussfächer/Kordel
Sonderpreis: 1,– €
Best.-Nr. 223

Baumwoll-Rucksack
Best.-Nr. 271 (blau), 272 (rot)
Sonderpreis: je 2,90 €

Artikel zum einmaligen Schnäppchenpreis
Restposten - solange Vorrat reicht!

Magnet-Button
mit Motiv Regenbogenfisch
Sonderpreis: je 1,– €
Best.-Nr. 209

Strohschmuck-Set 32
Strohsterne, -engel, -zapfen
Sonderpreis: 2,90 €
Best.-Nr. 335

Kugelschreiber
mit Fischloge „Ich bin dabei"
Sonderpreis je 1,90 €
Best.-Nr.: 283 (rot), 284 (blau)

Glas-Windlicht
mit Teelichthalter
Sonderpreis: 2,– €
Best.-Nr. 291

Herren-Armbanduhr
mit KiGo-Logo
Sonderpreis: 9,95 €
Best.-Nr. 278

Pappboxen-Set
4 Pappschachteln zum Bemalen
SetSonderpreis 1,90 €
Set-Best.-Nr. 295

Taschenrechner
flexibel, mit Aufdruck
Sonderpreis: 2,50 €
Best.-Nr. 308

Waschhandschuhe
mit Bestickung „Danke"
Sonderpreis je 2,50 €
Best.-Nr.: 326 (weiß), 327 (blau)

Handtuch „Danke"
Maxi-Kinderhandtuch blau
Sonderpreis: 3,90 €
Best.-Nr. 328

Keramiktassen
mit Druck „Wir sind echt cool"
Sonderpreis je 2,90 €
Best.-Nr. 329 (blau), 330 (gelb)

Bestellschein

Ich bestelle bei: **Verlag Junge Gemeinde**
Verlag Der Jugendfreund

Postfach 100355, 70747 Leinfelden-Echterdingen
Internet-Shop: www.junge-gemeinde.de, www. jugendfreund.de
E-Mail: vertrieb@junge-gemeinde.de, auslieferung@jugendfreund.de

Besteller(in)

Name		Kd.-Nr.
Straße		Telefon
PLZ, Ort		

Stück	Best.-Nr.	Artikel	Preis €

Zündholzschachtel
mit ca. 45 langen Zündhölzern
Sonderpreis: 1,90 €
Best.-Nr. 336

Schirmmützen
mit Druck Fisch-Logo u. Text
Sonderpreis je 2,90 €
Best.-Nr. 340 (blau), 341 (rot)

Schirmmütze blau
mit farbiger Bestickung Fisch-Logo
Sonderpreis: 2,90 €
Best.-Nr. 342

Haarband-Lolli
12 verschiedenfarb. Haarbänder
Sonderpreis: 1,– €
Best.-Nr. 808

Privat-Personen können Artikel (ausgenommen geöffnete Ton– und Datenträger) innerhalb von 14 Tagen zurückschicken. Versandkosten pro Sendung 4,90 €. Waren aus dem Verlag Der Jugendfreund werden auf eigene Rechnung verschickt.

Preisänderungen vorbehalten. Stand: 2/2014

Korsika

Leben mit Gott in Frankreich

Pinéa Sonntagswochen
Pinéa Sonntagswochen GmbH

www.pinea-sonntagswochen.de

Korsika – Insel der Schönheit

Blumen und Gewürze – der unbeschreibliche Duft der Macchia

Schon wenn Sie Ihren Fuß auf diese französische Mittelmeerinsel setzen, weht Ihnen ein feiner, unverwechselbarer Duft entgegen: Die Macchia der Insel Korsika besteht aus ganz besonderen Gewürzsträuchern. Lavendel, Erdbeerbäume und wilde Orchideen bedecken die Hänge der Hügel. Weinberge und Feigenplantagen, hohe Berge und sanfte Wiesen, schattige Wälder und geheimnisvolle Täler, bizarre Granitformen und weite Sandstrände verwöhnen das Auge und schaffen ein einzigartiges Flair.

Bedingt durch das milde Klima kann man bereits im Frühjahr bei angenehm warmen Temperaturen die blühende Insel erkunden. Von März bis Mai, wenn sich hier noch fast keine Touristen befinden, zeigt sich Korsika von einer ganz anderen Seite. Ab kurz vor Ostern ist unsere Ferienanlage bereits geöffnet, um unseren Gästen die Möglichkeit zu bieten, den Reiz dieser Jahreszeit zu entdecken. Besonders spannend ist die Prozession an Karfreitag, zu der viele Korsen speziell nach Calvi kommen.

Tipp: Tanken Sie im Frühjahr zum ersten Mal Sonne und Wärme, und das zu Vorsaison-Preisen!

Baden in kristallklarem Wasser am flachen Sandstrand

Im Sommer lässt Korsika keine Wünsche offen. Für jeden Geschmack hält die Insel eine Fülle von Angeboten bereit. Unübertroffen ist der flache Sandstrand direkt vor der Tür unserer Ferienanlage. Auch Kinder und Nichtschwimmer können sich hier gefahrlos im kristallklaren Wasser bewegen, das an die Karibik erinnert. In einiger Entfernung sieht man die Altstadt von Calvi, die zu Fuß am Meer entlang in einigen Minuten erreichbar ist. Hinter dem Hafen erhebt sich die imposante Zitadelle. Auch abends haben die kleinen Geschäfte in den Gassen der Altstadt geöffnet, ebenso wie Eisdielen, Restaurants und Bistros am Hafen.

Fast alles, was Berge und Meer an Sport- und Freizeitangeboten zu bieten haben, ist hier im Nordwesten der Insel möglich. Ebenso aber auch ganz normale Bootsfahrten, z. B. zur Bucht von Girolata und der Halbinsel La Scandola (UNESCO Weltnaturerbe). Das in der Nähe liegende Fangotal lädt Sie ein, in Süßwasserbecken zu springen oder sich auf großen Felsen zu sonnen.

Tipp: Eine Fahrt mit der kleinen Eisenbahn von Calvi nach Ile Rousse direkt am Meer entlang.

Warmes Klima, wandern, traumhafte Bergdörfer erkunden

Egal, ob Sie mit uns bei einem Ausflug unterwegs sind oder das eigene Auto dabei haben: Sie entdecken nach jeder Kurve eine neue Schönheit der Landschaft. Und Sie fühlen sich frei wie die Adler und andere seltene Vögel, die zwischen den naturgeschützten roten Felsen in der Calanche nisten.

Korsika im Herbst bedeutet, den Sommer zu verlängern. Mit Beginn der Nachsaison im September wird es wieder ruhiger auf der Insel, die Wärme bleibt. Da das Meer vom Sommer noch warm ist, kann man an sonnigen Tagen auch Ende September noch baden. Besonders eignet sich der Herbst, um zu Fuß die Insel zu erkunden, Temperaturen von über 20 Grad sind bis weit im Oktober möglich.

Tipp: Wandern Sie an den Küstenwegen, vorbei an einsamen Felsbuchten und Klippen an denen die Gischt bei Herbstwinden meterhoch schäumt oder nehmen Sie eine Route in den Bergen mit Blick wie aus dem Flugzeug über das Hinterland der Küste und das offene Meer.

Pinéa Sonntagswochen

Für Familien

ist unsere Ferienanlage ideal. Direkt vor der Haustüre geht es an Pinien vorbei zum Meer, ohne eine Straße zu überqueren. Der breite Sandstrand eignet sich bestens um Sandburgen zu bauen und zu spielen. Da man nach 10 Metern erst knietief im Wasser steht, müssen Sie Ihre Kinder nicht pausenlos im Blick behalten.

Für Senioren

haben wir ein besonderes Herz. Unser deutschsprachiges Team steht Ihnen bei Fragen jederzeit zur Verfügung, um Ihnen den Aufenthalt so angenehm wie möglich zu machen. Die Mischung aus ansprechendem Programm und wunderbarer Natur lässt Sie nach kurzer Zeit feststellen: diese Reise hat sich gelohnt.

Für alle

die sich einen Urlaub wünschen, wo Geist, Seele und Körper auftanken können, gibt es hier die passenden Angebote. Wählen Sie aus einer Fülle an Möglichkeiten das aus, was Ihnen am besten gefällt und gut tut, damit Sie gestärkt und mit vielen schönen Erinnerungen nach Hause fahren.

Das Programm

in deutscher Sprache ist ein wesentliches Element unseres Angebots, um jeden Urlaubstag zu einem Sonntag zu machen. Sie können es in beliebigem Umfang nutzen, müssen dies aber nicht. Täglich gibt es vormittags Andachten mit viel Musik, einen Gottesdienst am Sonntag und am Abend Konzerte oder Vorträge in der Veranstaltungshalle »le théâtre«. Unterschiedliche Kirchenzugehörigkeiten spielen hier keine Rolle, sie sind eine Chance, den Reichtum des christlichen Glaubens kennen zu lernen.

In jeder Woche sind ein Referent/Pastor sowie ein Musiker/Künstler für das Programm vor Ort, die teilweise auch noch individuelle Workshops, Autorenlesungen, Aktivitäten etc. anbieten. Unter www.pinea-sonntagswochen.de finden Sie eine Übersicht der Referenten und Musiker für die jeweilige Urlaubswoche.

Für Kinder ab drei Jahren bis hin zum Jugendprogramm 17+ gibt es in allen Altersgruppen immer vormittags ein eigenes Angebot mit spannenden Entdeckungsreisen durch die Bibel. Auch nachmittags treffen sich die Gruppen teilweise zu gemeinsamen Aktivitäten in der Anlage oder am Strand.

Das Vormittags- und Abendprogramm ist im Mietpreis enthalten. Zusätzlich gibt es darüber hinaus spezielle Angebote wie Busfahrten ins Hinterland, geführte Wanderungen, historische Stadtrundgänge oder Grillabende, die Sie an der Rezeption dazu buchen können.

Mit seinen vielfältigen Impulsen, erfrischenden Begegnungen und neuen Freundschaften ist dieser Urlaubsort ein Traum für jede Altersgruppe. Und nicht zuletzt deswegen sind wir sicher: Sie werden wieder kommen!

Die Anlage

»Les Résidences Pinéa« besteht aus freundlichen eingerichteten Ferienwohnungen unterschiedlicher Größe. In einer gut ausgestatteten Küchenzeile können Sie selbst kochen. Supermärkte befinden sich in direkter Nähe, eine Bäckerei sowie unser kleines Restaurant auf dem Gelände.

Veranstalter

Pinéa Sonntagswochen GmbH
Mühlenstr. 177
41236 Mönchengladbach

Infos und Buchung

REISE-BÖRSE
Frankfurter Str. 20
35625 Hüttenberg
Tel. 0 64 41 - 7 77 72
E-Mail: haupt @ reise-boerse-online.de

Alle Infos unter
www.pinea-sonntagswochen.de

HOTELSERVICE FÜR VERANSTALTUNGEN

Als Veranstalter können Sie sich auf Ihr Kerngeschäft konzentrieren– die Gestaltung des Programms und die beste Vermittlung von wichtigen Inhalten. Wir übernehmen die Auswahl von geeigneten Unterkünften und bieten den Teilnehmenden diese in enger Zusammenarbeit mit Ihnen an. Mit guten Kontakten zu vielen Hotelkooperationen machen wir immer ein faires Angebot. Anmeldung und Abrechnung übernehmen wir ebenso. Natürlich können wir auch die Mitarbeiter- und Referentenunterbringung mit übernehmen.

ANREISELOGISTIK

Wir bieten Ihnen eine maßgeschneiderte Konzeption und Organisation für die Anreise zu Ihrer Veranstaltung – nach Wunsch als Zubuchermodell oder als feste Routen. Mit unseren Buspartnern in ganz Deutschland holen wir Ihre Teilnehmer dort ab, wo sie wohnen, und bringen sie maximal umweltfreundlich, sicher und zuverlässig zu Ihrer Veranstaltung. Diesen Service können wir für den Veranstalter ohne finanzielles Risiko realisieren. Natürlich übernehmen wir auch hier die Anmeldung und Abrechnung.

Wir sind Partner von:

REISE WERK
FREIZEITEN MIT VISION

GRUPPENHÄUSER IN DEUTSCHLAND

Viele Jugendkreise, Gemeinden und Gruppen fahren gerne für ein Wochenende oder eine Woche auf Freizeit – in die Nähe oder in erreichbare Umgebung, auf jeden Fall innerhalb Deutschlands. Für solche Freizeiten empfehlen sich die christlichen Häuser, Hotels und Freizeitheime in unserer großen Übersicht in unserem Jahreskatalog. Dort finden Sie kompakt und mit allen wichtigen Informationen über 80 Häuser – an der Küste, in den Mittelgebirgen und den Bergen. Bestimmt finden Sie hier ein tolles Haus für Ihre Gruppe. Oder Sie suchen auf unserer Homepage interaktiv. Folgende Häuser möchten wir für einen Gruppenaufenthalt besonders empfehlen:

HOTEL EVANG. ALLIANZHAUS
07422 BAD BLANKENBURG

- 100 Betten in 60 Zimmern
- 8 Gruppenräume
- ÜF / HP / VP
- G / E / F

Tel: 03 67 41.21 0
E-Mail: info@allianzhaus.de
Internet: www.allianzhaus.de

GÄSTEHÄUSER GUSSOW
15754 GUSSOW

- 121 Betten in 45 Zimmern
- 3 Gruppenräume
- SV / VP
- G / E / F

Tel: 03 37 63.98 61-0
E-Mail: gaestehaeuser-gussow@ berliner-stadtmission.de
Internet: www.gaestehaeuser-gussow.de

INTERNATIONALES JUGENDGÄSTEHAUS
26382 WILHELMSHAVEN

- 77 Betten in 32 Zimmern
- 5 Gruppenräume
- ÜF / HP / VP
- G / E / F

Tel: 0 44 21.15 15 0
E-Mail: jugendgaestehaus@ cvjm-whv.net
Internet: www.cvjm-whv.net

EC-GÄSTE- UND TAGUNGSHAUS „HAUS FRIEDE"
45527 HATTINGEN

- 200 Betten in 64 Zimmern
- 17 Gruppenräume
- ÜF / HP / VP
- G / E / F

Tel: 0 23 24.92 48 0
E-Mail: info@hausfriede.de
Internet: www.hausfriede.de

CHRISTLICHES GÄSTEZENTRUM IM WESTERWALD
56479 REHE

- 308 Betten in 117 Zimmern
- 12 Gruppenräume
- ÜF / VP
- G / E / F

Tel: 0 26 64.505-504
E-Mail: a.bastian@cew-rehe.de
Internet: www.cew-rehe.de

HAUS SARON
72218 WILDBERG

- 160 Betten in 75 Zimmern
- 7 Gruppenräume
- ÜF / HP / VP
- G / E / F

Tel: 070 54.92 770
E-Mail: info@haus-saron.de
Internet: www.haus-saron.de

FAMILIENBILDUNGS- UND FERIENDORF „ECKENHOF"
78713 SCHRAMBERG

- 250 Betten in 110 Zimmern
- 5 Gruppenräume
- HP / VP
- G / F

Tel: 0 74 22.56 01 04 0
E-Mail: schramberg.few@drs.de
Internet: http://schramberg. familienerholungswerk.de

KLOSTER VOLKENRODA
99998 VOLKENRODA

- 100 Betten in 40 Zimmern
- 5 Gruppenräume
- SV / ÜF / HP / VP
- G / E / F

Tel: 03 60 25.55 90
E-Mail: info@kloster-volkenroda.de
Internet: www.kloster-volkenroda.de

G = Gruppen / E = Einzelreisende / F = Familien

SV = Selbstversorgung / ÜF = Übernachtung mit Frühstück / HP = Halbpension / VP = Vollpension

KOMPETENT | ERFAHREN | ENGAGIERT

REISEPAKETE FÜR GRUPPEN

Für viele Gruppen organisieren wir Reisepakete aus einer Hand. Wir arbeiten die geeignete Anreise aus, buchen Flüge und Busse, wählen Unterkünfte aus, recherchieren Ausflüge und suchen Guides vor Ort. Alle Leistungen und die Zeitpläne stimmen wir aufeinander ab, so dass Ihre Gruppe ein perfektes Reiseerlebnis hat und Sie sich nur noch um die inhaltliche Gestaltung der Reise und um Ihre Teilnehmer kümmern. Als Paketer sind wir Großhändler für rechtlich selbst veranstaltende Gruppen, Kirchen und Vereine und bieten unsere Pakete zum günstigen Nettopreis an.

SERVICE FÜR GRUPPENLEITER

Manchen Gruppenleitern ist nicht bewusst, dass eine „privat" organisierte Gruppenreise viele Risiken für den Gruppenleiter birgt. Daher bieten wir auch einen Full-Service für Gruppenleiter, der bei der Organisation des Programms beginnt und bei der reiserechtlichen Absicherung (noch lange nicht) endet. Nach Absprache übernehmen wir auch das gesamte Anmeldeverfahren inkl. Buchungsbestätigungen und Reisepreisinkasso. Als Gruppenleiter können Sie bis zum Stornotermin kostenfrei von der Reise zurücktreten, wenn sich nicht genügend Teilnehmer gefunden haben.

JERUSALEM INTENSIV & GÜNSTIG
(für Kleingruppen)

- 7 x Ü/F in einem Gästehaus/ Hospiz in der Altstadt von Jerusalem
- Mietwagen für 3 Tage
- Gestaltungsvorschläge für den Aufenthalt
- Freiplatz für die Reiseleitung
- Teilnehmer: mind. 12, max. 16
- Nettopreis pro Person: 329,- € (ohne Flug)
- Reiseveranstalter: die buchende Gruppe

AUF DEN SPUREN VON MARTIN LUTHER

- Busreise z.B. ab Region Hessen
- 3 x Ü/F im 4* Hotel in Merseburg
- Stadtführungen in Eisenach, Eisleben, Mansfeld, Wittenberg
- Anmeldeabwicklung und Inkasso
- reiserechtl. Absicherung
- Freiplatz für die Reiseleitung
- Teilnehmer: mind. 35, max. 48
- Bruttopreis pro Person: 249,- €
- Reiseveranstalter: REISE-WERK

GRUPPENHÄUSER IN EUROPA

Unsere Gruppenhäuser liegen in Nord- und Südeuropa und bieten Platz für ca. 16 bis 160 Personen. Die Selbstversorger-Häuser sind mit gut ausgerüsteten Küchen ausgestattet und es stehen i.d.R. mehrere Gruppenräume zur Verfügung. Alle Häuser haben wir geprüft und besichtigt, bevor die erste Gruppe dort anreist. An unseren Zielorten finden Sie gute Bedingungen für die Durchführung Ihre Freizeit. Durch die Lage und Ausstattung der Objekte sind Sie recht ungestört und können auch inhaltliche Programmangebote durchführen.

Bei den meisten Häuser ist der Bustransfer inklusive. Wir organisieren Ihre komplette Reise zum Festpreis, stimmen Bus, Fähre und Haus aufeinander ab, Sie haben nur einen Ansprechpartner. In unseren Busketten reisen Sie umweltbewusst und preisgünstig. Bei der Auswahl unserer Partner achten wir darauf, dass Qualität und Sicherheit bei allen Leistungen gewährleistet sind.

Auf Wunsch vermitteln wir Ihnen zur Unterkunft auch gerne freizeiterfahrenes Kochpersonal für eine Mitmach-Vollverpflegung mit Sattgarantie.

IHRE VORTEILE BEI UNS ...
und die gelten auch für alle Camps:

- ◼ Wir haben zufriedene Kunden: Auf den Rückmeldebögen unserer Freizeitleiter erreichen wir regelmäßig gute und sehr gute Bewertungen.

- ◼ Bei uns arbeiten erfahrene Mitarbeiter: Wir kennen christliche Freizeitarbeit aus eigener Erfahrung im CVJM, der FeG und in der SMD und sprechen Ihre Sprache, auch wenn es um Fragen zur inhaltlichen Programmgestaltung geht.

- ◼ Wir bieten ausgezeichnete Reiseinformationen: Sie bekommen ein richtig gutes Infopaket von Ihrem Reiseziel, Reiseführer und Prospekte, Tipps für Ausflüge sowie Informationen zu freizeitrelevanten Themen wie Aufsichtspflicht, Versicherungen und Krisenmanagement.

- ◼ Wir garantieren beste und transparente Preise und Sie buchen ohne Preisrisiko. Wenn Sie bei einem Mitbewerber ein gekennzeichnetes Haus oder Camp mit ähnlichen Buchungskonditionen (Termin, Leistungen, Preis) buchen können, reduzieren wir unseren Preis auf den des Mitbewerbers.

Wir vermitteln Häuser und Pakete in:

(Häuser in Deutschland: siehe Seite 8)

KOMPETENT | ERFAHREN | ENGAGIERT

CAMP ZELKOR
KORSIKA/FRANKREICH

- Busreise ab Ihrem Heimatort
- Alleinbelegung des Reisebusses
- Fährüberfahrt
- 9 Übernachtungen im Camp Zelkor (auch Termine mit bis zu 12 Übernachtungen mögl.)
- Alleinnutzung des Gruppenplatzes und der Gruppenküche
- Örtliche Steuern und Gebühren
- Teilnehmer: mind. 35, max. 56
- ab 295,- € pro Person

CHURCHCAMP GINOPRIMO
TOSKANA/ITALIEN

- Busreise ab Ihrem Heimatort
- Alleinbelegung des Reisebusses
- Fährüberfahrt
- 8 Übernachtungen im Camp Ginoprimo (auch Termine mit bis zu 13 Übernachtungen mögl.)
- Alleinnutzung des Gruppenplatzes und der Gruppenküche
- Örtliche Steuern und Gebühren
- Teilnehmer: mind. 40, max. 70
- ab 265,- € pro Person

GRUPPENCAMPS IN SÜDEUROPA

Freizeiten für Selbstmacher – das ist unser Programm für Gruppen, die eine Freizeit selber inhaltlich gestalten und unseren Service der Organisation nutzen. Dazu haben wir Camps und Häuser (siehe Seite 6) in vielen Ländern Europas. Die Camps liegen abseits von großen und lauten Urlaubsorten. Die Gästeanzahl ist überschaubar. Wir bauen das Camp komplett auf, Sie haben beste Möglichkeiten für Vergnügen und Verkündigung, Sport und Spiel. Eine Campküche zur Selbstversorgung und zur Alleinnutzung ist immer mit dabei, ein Strand immer zu Fuß erreichbar.

Einige Ausflugsziele sind in der Umgebung und werden in der ausführlichen Infomappe vorgestellt – so können Sie bereits von Deutschland aus verlässlich planen.

Der deutschsprachige Campbetreuer koordiniert den Aufenthalt vor Ort, hat Tipps und kennt Tricks für unsere Gruppen und verleiht ein Auto zu günstigen Konditionen. Auf Wunsch vermitteln wir Ihnen im Camp auch gerne einen freizeiterfahrenen Koch für eine Mitmach-Vollverpflegung mit Sattgarantie.

REISE BÖRSE
HAUPT & HAHN
FLÜGE · PAUSCHALREISEN · LAST MINUTE

URLAUB, AUS DEM SIE NICHT ZURÜCK WOLLEN.
NECKERMANN MACHT'S MÖGLICH.

Teil der Thomas Cook Gruppe

Ihre Neckermann-Reise können Sie bei der REISE-BÖRSE buchen!

Der neue Katalog 2014/2015 ist da!

FLÜGE WELTWEIT

Durch unsere Zusammenarbeit mit dem größten konzernunabhängigen Tickethändler Deutschlands, Aerticket, können wir ihnen die besten Tarife aller Airlines anbieten. Auch bei Flügen mit mehreren Stopps profitieren Sie von unserer großen Erfahrung. Ob Charter-oder Linienflüge, wir stellen für Sie Ihr individuelles Flugangebot zusammen. Auf spezielle Anfrage bieten wir für Studenten und Missionswerke auch Flugtarife mit besonderen Reisebedingungen an.

PAUSCHALREISEN

Nutzen Sie bei Ihrer nächsten Urlaubsbuchung auch unseren Marktüberblick bei Ferienhäusern, Appartements und Hotels, Mietwagen und Reiseversicherungen. Durch viele namhafte Reiseveranstalter können wir Ihnen Ihren perfekten Urlaub zusammenstellen, ob Wellness-, Kultur-, oder Aktivurlaub. Wir beraten Sie gern und sind auch nach Ihrer Reise für sie da!

USA-REISEN

Wie kaum ein anderes Urlaubsland ist Nordamerika noch immer das Land der unbegrenzten Möglichkeiten. Es gibt viel zu sehen und zu entdecken. Unser Spezialist Martin Hahn plant und organisiert seit vielen Jahren Einzel-, Kleingruppen-und Studienreisen in die USA. Was darf es sein? Faszinierende Großstädte, weite Strände, riesige Seen, tiefe Wälder? Sammeln Sie eine Fülle von Eindrücken zwischen Atlantik und Pazifik auf Ihrer für Sie individuell geplanten USA-Reise.

KREUZFAHRTEN

Wenn der Duft des weiten Meeres Sie lockt, bieten wir Ihnen Kreuzfahrten aller namhaften Anbieter wie z.B. AIDA, Costa, MSC an. Erleben Sie eine traumhafte Kreuzfahrt mit himmlischen Verwöhnangeboten, kulinarischen Hochgenüsse und einzigartiger Unterhaltung zu den schönsten Traumzielen der Kontinente. Ob eine Kurzreise oder die extralange Kombi-Reise, entdecken Sie die Vielfalt der Kreuzfahrten.

WIR SIND GERNE FÜR SIE DA

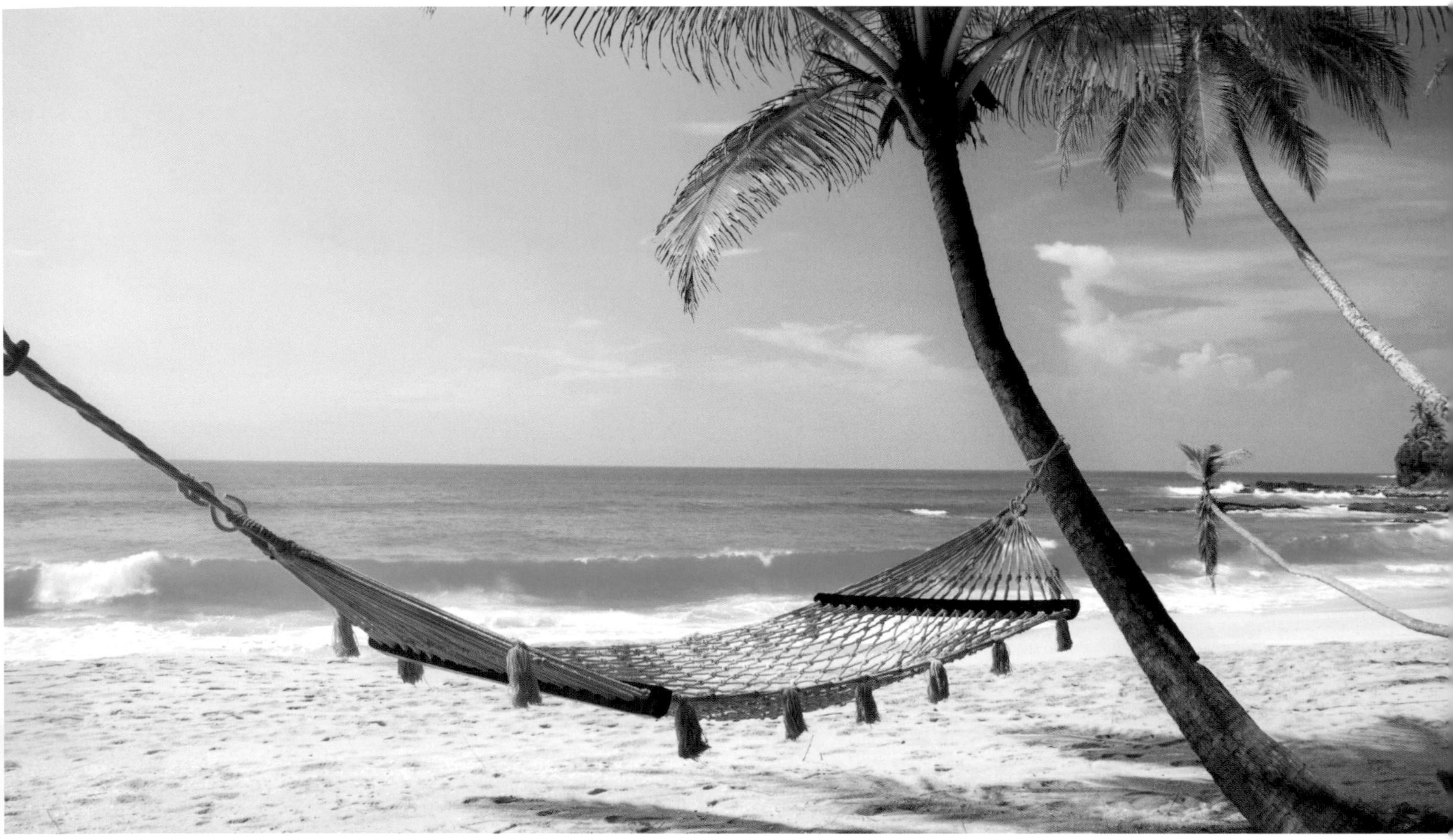

Die Reise-Börse ist schon seit 1993 Ihr persönliches und freundliches Reise-büro. Kunden in ganz Deutschland vertrauen auf unsere fachlich hohe Kompetenz und die ehrliche Beratung bei der Auswahl und Buchung Ihrer Reise. Durch starke Partner und die Mitgliedschaft unseres Büros in einer großen Einkaufskaufsgemeinschaft, können wir auf ein umfassendes Reiseangebot zurückgreifen. Unser sechsköpfiges, motiviertes Team steht Ihnen gerne zur Verfügung, um Ihre Urlaubs-und Reisewünsche zu verwirklichen. Besuchen Sie unser Büro in Hüttenberg (Raum Wetzlar-Gießen), dass Ihnen schon bei der Beratung Urlaubsflair vermittelt. Selbstverständlich stehen wir auch für telefonische Beratung oder E-Mail Kontakt zur Verfügung.

GEMEINSAM UNTERWEGS //
REISE-BÖRSE UND REISE-WERK STELLEN SICH VOR

SEIT MEHR ALS 10 JAHREN SIND WIR GEMEINSAM UNTERWEGS.

Mit besten Kontakten in die ganze Welt, Erfahrung am Schreibtisch und von unterwegs und Freude an der Arbeit buchen Kunden aus ganz Deutschland ihre Reisen und Flüge in unserem Reisebüro. Gruppenleiter lassen ihre Freizeiten bei uns organisieren. Unsere Busse und Reisen starten dort, wo Sie wohnen – in ganz Deutschland und den angrenzenden Ländern.

Zeitleiste:

1993 – Gründung der REISE-BÖRSE durch Tobias & Rainer Haupt und Martin Hahn

2001 – Umzug in das heutige Büro Frankfurter Straße 20, Hüttenberg

2004 – Gründung des REISE-WERK in Berlin durch Tobias Haupt und Fritz Ludwig Otterbach

2007 – Erweiterung der Geschäftsräume und Integration des REISE-WERK in die Räume in Hüttenberg / Kauf „Camp Zelkor", erste Campfreizeiten im Süden

2009 – Vertriebsübernahme von Ferienappartements der „Pinea-Sonntagswochen GmbH" (siehe Rückseite dieser Broschüre) / Nun auch Camps in Spanien im „Camp Eurostage"

2012 – Camps in der Toskana „ChurchCamp Ginoprimo"

2014 – 2 Voll- und 3 Teilzeitmitarbeiter lassen die Reise schon beim Buchen beginnen / 3 Vollzeitmitarbeiter organisieren Gruppenreisen und beraten kompetent, erfahren und engagiert

---

REISE-BÖRSE
Frankfurter Str. 20
35625 Hüttenberg

Telefon 0 64 41.7 77 72
Telefax 0 64 41.7 77 80
E-Mail haupt@reise-boerse-online.de
Internet www.reise-boerse-online.de

REISE-WERK
Frankfurter Str. 20
35625 Hüttenberg

Telefon 0 64 41.974 04 52
Telefax 0 64 41.974 04 53
E-Mail info@reise-werk.de
Internet www.reise-werk.de
f fb.com/reisewerk.eu

KOMPETENT | ERFAHREN | ENGAGIERT

REISE BÖRSE
HAUPT & HAHN
FLÜGE · PAUSCHALREISEN · LAST MINUTE

REISE WERK
FREIZEITEN MIT VISION

Jugendcamp

Kreuzfahrten

Selbstversorger

Reisebüro

Flüge

Busreise

Gruppenhaus

Korsika

Familien

Ferienhaus

Freizeit

Bibel

Pauschalreise

Outdoor

Strand

Impulse

Action

Kanu

Jugendliche

KOMPETENT | ERFAHREN | ENGAGIERT

In der Ferne sich selbst begegnen

Ein Plädoyer für entdeckendes Reisen

Warum reisen wir? Was treibt uns Jahr für Jahr in ferne Länder?

Ein Gespräch mit dem Philosophen Peter Vollbrecht

Warum reisen wir eigentlich?
Peter Vollbrecht: Es gibt ein oberflächliches und ein hintergründiges Motiv. Das oberflächliche ist natürlich der Tapetenwechsel, wir sehen unbekannte Landschaften, schlendern durch fremde Städte, treffen andere Menschen als zuhause. Zudem bewegen wir uns in der Ferne anders als zuhause und erleben so einen angenehmen Kontrast zum Alltag. Das hintergründige Motiv zieht an existenzielleren Strippen: Vielleicht erleben wir Reisen auch als eine Art Versprechen auf ein noch nicht gelebtes Leben. So können wir im Unterwegssein auch die unentdeckten Möglichkeiten unserer selbst erkunden.

Warum glauben wir, dass dies erst durch eine Reise möglich ist?
Vollbrecht: Reiseträume sind für breite Bevölkerungsschichten noch gar nicht so lange realisierbar, erst seit Ende des 19. Jahrhunderts, als aufgrund des technischen Fortschritts Fahrten in fremde Länder und Regionen auf angenehme Weise möglich wurden. Da setzte dann allmählich der eigentliche Tourismus ein. Er begann im Zeitalter der Belle Époque, allerdings war er damals zunächst nur auf großbürgerliche Kreise beschränkt. Die Côte d'Azur, die italienische Riviera, die englische Kanalküste und die Kaiserbäder der Ostsee waren die ersten Reiseziele. Dort entstanden die ersten Hotels, dort traf sich das Großbürgertum und war unter seinesgleichen. Zu jener Zeit war das Reisen eine Sache des Sozialprestiges, aber als später dann andere Kreise vom Reisefieber erfasst wurden, veränderte sich das Motiv. Man wollte Ferien machen von der bürgerlichen Gesellschaft mit ihrem strengen Regelkorsett, in das die Menschen im Alltag eingespannt waren. Urlaub vom frustrierten und vergesellschafteten Ich, von Routine und Unterordnung. Das treibt den Touristen von heute noch um, er erhofft sich vor allem eines: Freiheit auf Zeit. Das Reisen als Ventil für die Frustrationen eines Lebens, das man so nicht will. Daraus erklären sich dann auch die bizarren Formen der All-inclusive-Ghettos, wo der Tourist wie im Paradies schwelgen kann, wo er endlich für eine gewisse Zeit einmal das tun kann, was ihm im normalen Leben versperrt bleibt: grenzenlos konsumieren, sein gesellschaftliches Elend vergessen und sich in einer fiktiven Welt sonnen.

Doch drehen wir das Rad noch einmal zurück zu der Form des Unterwegsseins, die ernsthafter ist und tiefer. Die im bildungsbürgerlichen Sinne ein Entdecken neuer Möglichkeiten ersehnt, ein Erleben neuer Kulturen mit dem Ziel, im Fremden sich selbst zu erkunden. Diese vom aufklärerischen Bildungsideal getragene Form des Reisens war – für wenige Privilegierte erreichbar – durch die Jahrhunderte hinweg das Motiv, um in die Fremde aufzubrechen, sich dort dem Unbekannten auszusetzen und Abenteuer zu erleben. Wann erleben wir denn sonst noch Abenteuer? Im normalen, alltäglichen, bürgerlichen Leben wohl kaum, sondern im Reisen. Selbst der Ballermann-Tourist auf Mallorca ist davon getrieben, allerdings ertränkt er seinen Freiheitsimpuls im Alkohol. Er wird gereist, er reist nicht selbst. Ich mache da einen großen Unterschied.

Worin besteht der Unterschied?
Vollbrecht: An Angeboten der Art »14 Tage Phuket für 915 Euro« kann doch im Grunde genommen nur die Abwechslung interessant sein, eben mit Sonne, Strand und Easy Going. Doch wohin es letztendlich

geht, ob es Thailand, Kenia oder Griechenland ist, scheint zweitrangig. Der geografische Ort des Reisens tritt in den Hintergrund, und in den Vordergrund schiebt sich vor allem das Abwechslungsmotiv, das vermeintliche Freiheitsmotiv. Das ist für mich ein Gereistwerden, weil man sich an ein bestimmtes Angebot dranhängt und es weniger darum geht, an Eindrücken und Erfahrungen reicher zu werden. Es ergeben sich keine existenziellen Bereicherungen, man bleibt absolut unter den Möglichkeiten des Reisens. Diese existenziellen Bereicherungen kann man am besten an den alten Reiseberichten von Marco Polo, dem britischen Afrikaforscher David Livingstone oder dem Chinareisenden Sven Hedin studieren. Die Touren dieser Männer hatten für jeden von ihnen eine tiefe Bedeutung. Oder schauen wir uns Alexander von Humboldt an, wie er in Amazonien gezeichnet hat: Dieses Entdeckungsinteresse ist im heutigen Massentourismus bis zur Unkenntlichkeit verschwunden. Nur noch wenige Veranstalter bieten so etwas an, aber das entdeckende Reisen gibt es nach wie vor noch.

Warum sind Reisen ins Unbekannte auch Reisen nach innen, zu den eigenen Ursprüngen und zu dem, was vielleicht im Laufe der Jahre verlorenging?

Vollbrecht: Wir sind immer Reisende in unserem Leben, und wir leben nicht nur eingepasst in eine Umwelt, sondern wir sind weltoffen. Zu dieser Weltoffenheit gehört das Ändern, das Erkunden, das Einrichten von Welten – und genau das geschieht beim Reisen. Man kommt irgendwo an, kennt die Topografie der Stadt nicht, kauft sich einen Stadtplan, findet sich zurecht, sucht sein Hotel, stellt die Sachen ab und macht einen ersten Erkundungsgang durch den neuen Ort. Wenn man diesen Orientierungsprozess auf eigene Faust unternimmt, dann kann man dabei in einen ungemein intensiven inneren Monolog mit sich selbst gelangen. Man baut sich in Gedanken eine Orientierungskarte zusammen, findet sich mit der Zeit immer besser zurecht, und so langsam wird man dann ein wenig heimisch in der neuen Umgebung. Das ist spannend. Dieser Prozess ist unterbunden, wenn man ihn nicht individuell macht, sondern in einem Arrangement vom Reiseveranstalter geboten bekommt. Es ist intensiver, sich allein auf den Weg zu machen. Beim Reisen auf eigene Faust ist man ungleich stärker mit sich selbst konfrontiert. Ich muss aber zugeben, dass die arrangierte Kulturreise den unschätzbaren Vorteil hat, sachkundig geführt zu werden. Wie heißt es doch? »Man sieht nur, was man weiß.« Das stimmt schon ein wenig.

Dr. Peter Vollbrecht gründete das Philosophische Forum in Esslingen, wo er das Konzept philosophischer Reisen entwickelte. Mit kleinen Gruppen bereist er die europäischen und indischen Traditionen.

Der Portugiese Fernando Pessoa sagte einmal, Existieren sei schon Reisen genug, man müsse sich den Sonnenuntergang nicht in Konstantinopel ansehen …

Vollbrecht: Da steht bei ihm wahrscheinlich die Vorstellung dahinter, dass das eigene Selbst ein so reicher Kontinent ist, dass man ihn problemlos ein ganzes Leben bereist und immer etwas Neues entdeckt. Das ist der seelische Wohlstand des Poeten. Wir anderen müssen vielleicht unsere seelischen Reichtümer durch äußere Ereignisse entdecken lernen. Schließlich geht es ja nicht nur um Sonnenuntergänge, sondern etwa auch um einen Tee in einer durchräucherten Teestube am Bosporus. Ich halte die These dagegen, dass die Introvertiertheit, in der man sich ausschließlich mit sich beschäftigt, um seinem Selbst zu begegnen, zu einer inneren Schieflage führen kann.

Andererseits heißt es: Wer viel unterwegs ist, muss sich eigentlich nicht wirklich bewegen, weil er permanent von sich selbst abgelenkt ist. Wie denken Sie darüber?

Vollbrecht: Auf einer meiner Fahrten nach Griechenland klagte eine Frau: »Ach, und nächste Woche muss ich in den Irak«, eine Tour jagte die nächste. Reisen als strategisches Unterfangen, um jedwede Selbstbegegnung zu vermeiden, gibt es auch, und möglicherweise ist das heute sogar die Regel. Es ist schade, dass wir so wenig Zeit für uns selbst aufbringen, um wirklich zu reisen.

Oder nehmen wir uns die Zeit dafür einfach nicht?

Vollbrecht: Es kann sich heutzutage nicht jeder einen Dreiwochenurlaub leisten, von daher gibt es eine wirkliche Begrenzung. Natürlich auferlegt man sich die Begrenzung auch selbst, vielleicht haben wir mehr Zeit, als wir glauben, vielleicht gewichten wir unsere Zeit auch so, dass sie uns permanent knapp erscheint. Aber das wahre Reisen, →

das existenziell kolorierte Reisen, braucht immer eine Verschmelzung zwischen dem, was ich sehe, und dem, was meine Seele überhaupt aufnehmen kann. Wenn ich zu viel sehe, ist das wie eine Schaufensterreise, bei der ich am Ende gar nicht mehr weiß, wie viele Kirchen ich gesehen habe, weil alles verschwimmt. Hier triumphiert dann Quantität über Qualität. Qualitatives Reisen bedeutet, dass es eine Begegnung geben sollte zwischen mir und der gesehenen Welt. Ich muss das, was ich sehe, auch immer für mich kommentieren, muss es mit meinen eigenen Worten beschreiben und sollte nicht nur den kulturellen Text aus dem Reiseführer abgreifen. Nein, im echten Reisen bin ich wirklich »dort«, und dafür braucht es die Muße und auch den Mut, beispielsweise in einen Tempel zu gehen, um dort einfach nur zu sitzen, die Leute zu beobachten und die Atmosphäre zu fühlen. Oder in einer Kathedrale an einem Gottesdienst teilzunehmen. Es ist wichtig, sich plötzlich auftauchenden Möglichkeiten, die sich vor Ort ergeben, auch zu widmen, möglicherweise auch vom eigenen Plan abzuweichen, um Spielraum zu haben und die augenblickliche Welt wirklich in sich einströmen zu lassen.

Warum projizieren wir unsere Wünsche und Sehnsüchte auf den Urlaub und glauben, dass wir uns in der Ferne besser fühlen werden, besonders wenn wir gestresst sind?

Vollbrecht: Das ist uns irgendwie eigen, eine Zukunft zu entwerfen, die schöner, farbiger, verheißungsvoller sein wird als die Gegenwart – es ist beklagenswert, wenn man so wenig im Hier und Jetzt lebt, gedanklich immer flüchtet und sich eine schönere Zukunft ausmalt. Doch zur Verteidigung dieser zutiefst menschlichen Eigenschaft muss ich sagen, dass darin auch unsere utopische Kraft besteht, und hätten wir sie nicht, dann wären wir tatsächlich auch in der Gegenwart ärmer. Aber: Ist es denn wirklich so, dass wir im Urlaub völlig anders sind und neue Aspekte unserer Persönlichkeit an die Oberfläche spülen, die wir auch sofort leben? Das sehe ich skeptisch, denn wir werden uns dabei ertappen, dass wir am Nachmittag um halb fünf nervös auf die Uhr schauen, wenn wir beispielsweise noch kein Hotelzimmer gefunden haben. Diese Strukturen arbeiten weiter. Und bekanntlich gibt es auch Belege dafür, dass für Paare der Urlaub ein riskantes Unternehmen ist, weil sie in ungewohnter Intensität auf sich selbst zurückgeworfen und mit einer Nähe konfrontiert sind, die sie nicht mehr meistern können.

Reisen bedürfen einer entsprechenden Vorbereitung und Nachbereitung. Worauf sollte man dabei achten?

Vollbrecht: Wichtig erscheint mir, dass man thematisch reist. Nach jeder guten Reise ergeben sich automatisch Anschlussmöglichkeiten. Man sollte einen einmal eingeschlagenen Pfad weitergehen und nicht Asien bereisen, dann Nordamerika oder Nordafrika, unter dem Motto: Da war ich noch nicht, da muss ich hin. Die Tiefe liegt in der Wiederholung, wenn man ein Land zum zweiten oder dritten Mal erlebt und auch die Menschen besser kennenlernt. Dann tritt das Phänomen der wirklichen Begegnung und Vertiefung ein.

Nun geht ja nicht immer alles glatt. Was macht man mit den Reisen, die gar nicht so schön waren, wie man es sich erträumt hatte?

Vollbrecht: Ich habe das selbst mal erlebt, als ich in Goa Opfer eines Gewaltverbrechens wurde. Über Jahre hinaus hinterließ das ein Gefühl von Demütigung. Aber irgendwann gelang es mir, damit ins Reine zu kommen und das Geschehen zu etwas meiner selbst werden zu lassen. Es gibt eigentlich nichts, was ausradiert werden müsste beim Reisen – das ist keine Rechtfertigung oder Schönrednerei, es gibt manchmal tatsächlich schwierige Situationen. Es kann vorkommen, dass man etwas erlebt, was einem überhaupt nicht gefällt. Aber auch darin steckt der Keim eines Lernprozesses.

Ist Reisen in gewisser Hinsicht auch ein Selbstheilungsversuch? Besonders, wenn man allein unterwegs ist?

Vollbrecht: Für die philosophischen Reisen, die ich organisiere, muss ich eine Lanze für Gruppenreisen brechen, weil man Philosophieren am besten mit anderen kann, gemeinsam sind die Dinge viel leichter und anregender. Aber allein zu reisen kann in bestimmten Lebensphasen auch gut und heilsam sein. Besonders, wenn es ein tiefes, aufgeschobenes, nicht ausgelebtes Bedürfnis nach Eigenzeit gibt, wenn man zu viel Zeit in den Job oder in die Familie hat fließen lassen müssen. Dann kann es hilfreich sein, in der Fremde für sich zu sein, durch die Gegend zu laufen, andere Menschen kennenzulernen, das Erlebte aufzuschreiben oder einfach zu fotografieren.

Was sollte man auf Reisen auf keinen Fall mitnehmen?

Vollbrecht: Man sollte seinen Computer mit Internetanschluss zu Hause lassen, weil man sich zu stark an die alte Welt anbindet. Es müssen nicht unbedingt E-Mails beantwort werden, man kann auch mal zwei Wochen in seinem Leben nicht erreichbar sein. Ins Gepäck sollte, was man vor Ort wirklich braucht – Musik für lange Busfahrten, Bücher über das Land, einen guten Roman und ein Tagebuch. Und man sollte Platz im Koffer lassen, um etwas mitzubringen.

Mit Peter Vollbrecht sprach Birgit Weidt.

Das Interview wurde der Zeitschrift »Psychologie Heute« entnommen (Heft 8/2008, Weinheim: BELTZ). Wir bedanken uns für die freundliche Druckgenehmigung.

Der Sehnsucht folgen

Pilgern als Lebenshaltung – unterwegs und auch im Alltag

Dagmar Krok

Pilgerreisen haben im Frauen-werk der Nordkirche Tradition – es gab sie schon lange, bevor das Pilgern »in« wurde. In Norddeutschland, Frankreich und Spanien sind Frauen dem Jakobsweg gefolgt. Sie haben sich im Schutz der Gruppe aufgemacht, um einen Weg zu bewältigen, schöne Landschaften zu sehen, Neues zu lernen, schweigend zu gehen, sich selbst zu begegnen und Gott zu suchen. Die Sehnsucht ist groß – diese Angebote sind sehr nachgefragt. Dabei folgen wir einer viel älteren Tradition des Pilgerns, dessen Weisheiten und Möglichkeiten vor allem auch Frauen in den letzten Jahren wiederentdeckt haben. So sind inzwischen, auch Wege entstanden, die an heilige Frauen erinnern, z. B. der Elisabeth-

pfad von Eisenach und von Frankfurt am Main nach Marburg, oder der Brigittaweg von Stralsund nach Lüneburg.

Eine bekannte Pilgerin ist Egeria, die im 4. Jahrhundert aus ihrer Heimat in Nordspanien nach Jerusalem pilgerte. Ein Ziel ihrer Reise war, den daheimgebliebenen Schwestern möglichst viel zu berichten, von den Begegnungen und Orten, von Heiligen und Kirchen, von der Vergegenwärtigung biblischer Geschichten, von Gottesdiensten und deren Ordnungen mit den jeweiligen Gebräuchen. Es entstand der älteste erhaltene Pilgerbericht einer Frau. Seit 2005 sind Frauen mit dem Egeria-Projekt unterwegs, diesem alten Pilgerbericht folgend. In zehn Pilgerweg-

Etappen wollen sie Jerusalem erreichen. Dabei möchten sie auf die Charta Oecumenica der europäischen Kirchen aufmerksam machen und Ausdruck einer sichtbaren Gemeinschaft der Kirchen sein. Darum sind die Pilgerinnen häufig in Gemeinden und Frauengruppen zu Gast, lernen Frauentraditionen und Lebensentwürfe von Frauen kennen. Sie erfahren Gastfreundschaft und erleben Lehrerinnen am Wege. So werden die Pilgerinnen zu Brückenbauerinnen in einem multireligiösen Europa bis hinein in den Nahen Osten.

Pilgern ist eine Sehnsuchtsbewegung. Heilige Orte kennenlernen und ihre Kraft spüren, Gott suchen, ein Zeugnis der Nachfolge ablegen, →

sich selbst erfahren, eigene Grenzen erleben und neue Perspektiven entwickeln. Mögen die Motive für eine Pilgerreise auch unterschiedlich sein, sie alle eint die Sehnsucht nach einem »Mehr«. Verbunden mit einer guten Portion Neugierde drängt es die Menschen zum Aufbruch. Da heißt es zunächst einmal Abschied nehmen und sich einlassen auf andere, neue Bedingungen. Zu Fuß oder mit dem Rad unterwegs sein, bedeutet langsam sein. Auch sollte gut überlegt werden, was benötigt wird, denn das Maß dessen, was man tragen kann, ist ebenfalls begrenzt. So verlangsamt das Pilgern und führt uns vor Augen, mit wie wenig es möglich ist, zu leben. Die Abhängigkeit von Wetter und Wegbeschaffenheit lehrt ein Bewusstsein für die Kostbarkeit der elementaren Dinge, die Aufmerksamkeit wird auf das Hier und Jetzt gelenkt. Aus dem äußeren wird ein innerer Weg. In einem so bewegten Innehalten begegnet die Pilgerin sich selbst, denn egal wo Frau hingeht, sie nimmt sich selbst mit. Neue Perspektiven entstehen, das Leben erscheint in einem anderen Licht, es entsteht Klarheit über das, was ist und sein soll. Ebenso entsteht eine Offenheit für die Begegnung mit Gott. Dabei ist Gott immer schon da, begleitet uns, im Alltag wie im Pilgern. Doch Ablenkungen und Störungen hindern, Gott wahrzunehmen. So kann das Pilgern eine Übung sein, sich von Äußerem zu befreien und bereit zu sein für Gottes Gegenwart.

Pilgernde kommen verändert zurück. Der Neugierde und Sehnsucht folgend haben sie sich auf den Weg gemacht. Die Pilgerzeit hat den Blick für das Wesentliche (neu) geschärft. Nicht der Weg war das Ziel, sondern das Ziel bestimmte den Weg, es war und ist wichtig, um durchzuhalten und anzukommen. Die Pilgernden haben erfahren, dass es zum Glücklichsein keines Reichtums bedarf und dass es, um dem eigenen Leben Tiefe und Sinn zu geben, keinen Überfluss braucht. Und nicht zuletzt bleibt die Erfahrung, dass es hilfreich ist, Geschwindigkeit aus dem Leben zu nehmen und sich Zeit zum Wachsen und Reifen zu gewähren. Denn so kann es gelingen, aus einer Mittelmäßigkeit herauszuwachsen und zu entdecken, was zu »Mehr« im Leben führt.

So verstanden kann das Pilgern zu einer Lebenshaltung werden. Nicht in dem Sinne, regelmäßig zu Pilgerreisen aufzubrechen, sondern die Bereitschaft zum Aufbruch zu pflegen, offen und neugierig zu sein auf das Neue, eigene Ziele und Visionen zu verfolgen, Entschleunigung einzuüben, unterwegs zu sein, um anzukommen und sich zu öffnen für Gottes Gegenwart, und nicht zuletzt diese persönlichen Erfahrungen auch in gesellschaftlicher und politischer Verantwortung anzuwenden. Sind die Ziele der globalisierten Wirtschaft noch unsere Ziele? Was würde Entschleunigung für das Wirtschaften bedeuten in einer Zeit, in der deutlich wird, dass immer mehr Wachstum nicht zum Ziel führt? Wie kann in der Nahrungsmittelproduktion wieder mehr Zeit für Wachstum und Reifen gewährt werden? Wie können die Kostbarkeiten der Schöpfung bewahrt werden? Wichtige

Fragen, für deren Beantwortung, Diskussion und Umsetzung es immer wieder Kraftquellen und Besinnungsorte braucht, das Pilgern mag ein solcher Ort sein.

Das Pilgern hat viele Motive und Facetten. Wichtig scheint mir zu sein, sich die Sehnsucht nach dem »Mehr« wachzuhalten, neugierig, aufmerksam und offen zu sein, beharrlich den eigenen Visionen zu folgen und das Reich Gottes zu suchen. Bei Herrmann Hesse finde ich in »Das Glasperlenspiel« eine schöne Beschreibung für das Pilgern als Lebenshaltung: »Jeder von uns ist nur ein Mensch, nur ein Versuch, ein Unterwegs. Er sollte aber dorthin unterwegs sein, wo das Vollkommene ist, er soll ins Zentrum streben, nicht an die Peripherie.«

Dagmar Krok, Diakonin und Diplom-Sozialpädagogin, ist Referentin im Frauenwerk der Nordkirche für Vernetzung, Konzeptentwicklung und FrauenReisen Hin und weg.

Pilgern mit dem Kinderwagen

Detlef Lienau

Pünktlich um 10.15 Uhr setzt uns die S-Bahn in Kehrsatz ab. Kinderwagen, drei Rucksäcke und fünf Stoffbeutel sammeln sich auf dem Bahnsteig – und natürlich Lea und Hanna. Als Erstes holen wir gleich bei der Post eine Briefmarke – Mama ist ganz alleine zuhause geblieben. Auf dem Postamt bekommen wir einen ersten Stempel in unseren selbstgebastelten Pilgerpass. Die Angestellte weist zwar pflichtbewusst darauf hin, dass der Stempel eigentlich nicht dafür vorgesehen sei, aber den Fotos pilgernder Kinder auf dem Pass kann sie nicht widerstehen und schreibt gleich einen Gruß zum Stempel dazu.

Gleich am Anfang geht es steil den Berg hinauf, das hat mir schon die Karte gezeigt. Dass es aber so steil ist, habe ich nicht geahnt. Zum Glück will Lea aus dem Kinderwagen und selber – nein nicht laufen, sondern spazieren*stehen*: Leute gucken, Blumen pflücken und Stöckchen sammeln.

Irgendwann bequemt sich auch Hanna auszusteigen. Sie findet einen halben Findling, der unbedingt mitmuss, aber das geht natürlich nur im Wagen. Ich schließe Steine dieser Größe vom Transport aus, muss aber bald klein beigeben. Immerhin gelingt es mir einige Zeit durchzusetzen, dass sich nur eines der beiden Kinder die gut 20-prozentige Steigung hochschieben lässt. Irgendwann sind die 300 Höhenmeter geschafft, der Schweiß rinnt von der Stirn – und die Kinder sitzen samt Steinen im Wagen. Sofort sind sie eingeschlafen. Sind wir wirklich erst eine Stunde am Pilgern?

Lea hat einiges an Schlaf nachzuholen. Am Vorabend habe ich sie bis kurz vor elf auf meinem Arm gehabt, saß am Rhein und sang ihr – mit Blick in den dunklen Sternenhimmel – Lieder vor. »Sie spürt, dass was passiert«, interpretierte meine Frau mit Blick auf den Tisch voller Windeln und Wäsche, Bü-

cher, Schnuller und Vesper. Dafür sprach die ansonsten sprachfaule Lea um neun Uhr das erste Mal das Wort ›pilgern‹ zumindest für gutwillige Ohren halbwegs erkennbar aus.

Morgens dann konzentrierte Aufbruchstimmung – Hanna weiß schon, was mit dem Pilgern auf sie zukommt. Beim Einsteigen in den ICE scheitere ich an den Türen – mit demontierten Rädern komme ich zumindest in den Eingangsbereich. In Basel SBB werden wir fast aus dem Zug geworfen: Fahrradanhänger seien vom Transport im ICE ausgeschlossen, belehrt mich die Schaffnerin. Ich kontere, dass das ein Kinderwagen sei. Sie gibt zurück, dass sie das Modell kenne und wisse, dass es sich zum Fahrradanhänger umbauen lasse. Im Streiten mit Schaffnern bin ich geübt und argumentiere, dass ich gar keine Kupplung, wohl aber den Fahrrad-Schiebegriff dabei habe, und wähne mich als Sieger. Zu früh. Sie zieht eine Kopie mit verschiedenen Anhängertypen heraus, die laut Vorschrift als Fahrradanhänger gelten, auch wenn sie keine sind. Pilgern ist Zehnkampf, denke ich mir, verstaue zwischenzeitlich die Kinder im Abteil, zerlege den Kinderwagen auf Koffermaß und verstaue die Ausrüstung. Diese Etappe ist gemeistert.

Nun bin ich erst vier Stunden unterwegs. Der Kinderwagen rollt locker über den feinen Split, da öffnet sich der Blick auf die schneebedeckten Gipfel des Berner Oberlandes. Gantrisch und Stockhorn erinnern mich an Studienzeiten, als ich jeden Sonntag allein auf die Zwei- und Dreitausender stieg. Kommt Wehmut auf? Nein, kein bisschen. Ich bin überrascht. Mit Lea und Hanna ist es erfüllender. Hanna entwickelt erstmals Interesse an Alpenpanoramen, will die Namen aller 37 Gipfel hören. Lea will von ihrer prall gefüllten Windel befreit werden. Und ich will jetzt lieber Strecke machen, wähle die Land- →

Informationen zum Schweizer Jakobsweg unter http://www.jakobsweg.ch/

Informationen zum Familien-Pilgern unter http://kommunität-beuggen.de/

straße, wo ich sogar etwas joggen kann. Vor allem bin ich jetzt Animateur, um die Kinder bei Laune zu halten. Jedes Buch, das Hanna sich zum Lesen nimmt, erregt sofort Leas Neid, umgekehrt ist es bei der Trinkflasche.

Um halb sieben werden wir freundlich beim Schlaf im Stroh in Muriboden empfangen, die Kinder schließen Bekanntschaft mit Katzen, Eseln, Kälbchen und Zicklein. Ich kann gemeinsames Duschen durchsetzen – Leas Po ist verdächtig gerötet. Dann baue ich schnell den Spirituskocher auf und bläue den Kindern einen Sicherheitsabstand ein, damit ich ohne Brandblasen-Creme durch den Abend komme. Den Tagesabschluss bildet ein Barfußpfad mit Fußbad und Ringelblumensalbe, der besonders wegen der Erdbeerpflanzen Interesse findet. Jetzt nur noch fünf Lieder und sieben Geschichten und schon schlafen die Kinder im Stroh ein.

Am nächsten Morgen liegen zwischen Aufstehen und Abmarsch zwei Stunden – viel zu viel angesichts der Hitze. Selbst wenn ich mit Gruppen von 20 Erwachsenen pilgere, kommen wir nach einer Stunde auf den Weg. Aber die müssen nicht gewickelt werden, packen ihre Sachen selbst und drängen auch nicht darauf, sich von Eseln und Kälbchen zu verabschieden. Beim Frühstück sitzen wir mit einer Familie zusammen, die noch bis nach Frankreich kommen will. Der Vater führt ein straffes Regiment, die Kinder – wohl zwischen zehn und 15 Jahren – haben ihre Sachen fix gepackt, da kann man neidisch werden. Vielleicht werde ich mit Hanna und Lea eines fernen Tages auch so pilgern können.

Nach einer guten halben Stunde ist mit dem Laufen schon Schluss. Das Schwarzwasser lockt mit frischem Bergwasser zum Plantschen. Lea reibt sich von oben bis unten mit Schlamm ein, Hanna sammelt hunderte von Steinen. Papa findet es auch schön, erinnert sich aber an die Schlagzeile der Bild-Zeitung am Bahnhofskiosk ›Sahara-Sommer‹ und denkt an die Folgen: Weil wir die frischen Morgenstunden am Bach verspielen, wird er in der heißen Mittagszeit bergauf und bergab schieben, während die Kinder ihren Mittagsschlaf halten. Um halb drei kommen wir nach zwölf Kilometern in Schwarzenburg beim Schlaf im Stroh an. Ohne Gepäck gehen wir über alte Römerstraßen zur Sense runter, baden weitere zwei Stunden. Dafür steigen beide recht motiviert die 100 Höhenmeter wieder hoch. Abends sinkt die Temperatur leicht und die Kinder blühen auf. Ich habe das Fläschchen mit Leas Abendmilch parat, aber die vielen Kätzchen sind zu streicheln und zu jagen. Kurz vor zehn gelingt es mir, die Kinder ins Stroh zu bringen. Schnell sind sie mit einigen Geschichten in den Schlaf zu lesen.

An unserem dritten Pilgertag ist vieles schon Routine. Wasser tanken, Gepäck so verstauen, dass der Wagen nicht nach hinten kippt, wickeln und von Hunden und Katzen Abschied nehmen. Unterwegs singen wir Piratenlieder und Hanna ist nicht gut verständlich zu machen, warum Papa so wenig Luft zum Singen hat. Um zwölf finden wir in St. Antoni einen offenen Laden. Für jedes Kind gibt es ein Schokoladeneis. Die Hitze lässt es im Nu schmelzen und während Lea dem einen Tropfen nachblickt, sind fünf weitere auf T-Shirt und Hose gelandet. In der Kirche genießen wir die Kühle, singen und Hanna bittet mich, die Bilder zu erläutern. Eine Radfahrerin ist sichtlich von den Kindern angetan – ich auch. Aber kaum sitzen sie im Wagen, geht das Gezeter um Trinkflasche und Bücher wieder los, wird der eigene Platz heftig und häufig per Präventivschlag verteidigt. Hanna kann ich irgendwann durch Singen ablenken: Bruder Jakob, erst Papa laut und Hanna das Echo, dann umgekehrt, dann beide laut und einer leise, dann Papa singen und Hanna klatschen … es gibt unzählige Variationsmöglichkeiten. Lea fährt lieber im Stehen, um mehr von der Welt zu sehen – bis sie unter Geschrei vornüber aus dem Wagen fällt.

Wenn Hanna schwächelt, lasse ich sie alle ihre Pilgerwanderungen aufzählen: Mit einem Jahr bei Assisi auf Franziskus' Spuren. Im Folgejahr nach einem Übungspilgern im Jura vier Tage Jakobswege von Einsiedeln über Flüeli zum Brüning mit Abstecher auf eine 2000 Meter hohe Berghütte. Dieses Jahr ein Wochenende Familienpilgern mit Schlaf im Stroh, das unsere christliche Lebensgemeinschaft Kommunität Beuggen angeboten hat. Mit ihren drei Jahren ist Hanna schon richtig pilgererfahren – anders als Lea, wie sie betont, aber die ist ja auch erst eineinhalb. Möchtest Du nächstes Jahr ohne Papa pilgern?, frage ich Hanna. Nein, sie wisse noch nicht, welchen Zug sie nehmen müsse – alles andere ist kein Problem.

Heute müssen wir zügig laufen, denn wenn die Kinder aufwachen, möchte ich in Fribourg angekommen sein. Rückwärts gehend bremse ich Gefälle ab und schiebe über schmale Trampelpfade. Die 21 Kilometer ziehen sich, bis wir um drei Uhr vor der Abbaye de la Maigrauge in Fribourg stehen, einem ehrwürdigen Zisterzienserkloster aus dem 13. Jahrhundert. Die Dame an der Pforte ist irritiert. An sich sei man auf Pilger eingestellt, aber mit Kindern sei das leider nicht möglich, im ganzen Kloster herrsche strenges Schweigen. Die Ausschilderung an der vorbeiführenden Straße ›Leise fahren‹ und ›Ab 21 Uhr Aufenthalt verboten‹ ist also ernst gemeint. Die fast 100 Höhenmeter zurück in die Stadt müssen wir auch noch hochschieben, denn die historische Seilbahn ist nicht auf so breite Kinderwagen ausgelegt. Eine halbwegs anständige Besichtigung der Kathedrale wird schwierig – die Kinder brauchen Zeit zum Toben. Also machen wir die Fußgängerzone zum Spielplatz. Um halb acht sind wir im Collegium Salesianum, das laut Liste auch Betten für Pilger hat. Die Rezeption ist zu, die Köchin meldet alle Zimmer als belegt, ein Bewohner bietet uns den Garten an, bis schließlich doch noch jemand den Schlüssel für das Pilgerzimmer auftreiben kann. Wir können aufatmen. Im Park kochen wir auf dem Spirituskocher unser Abendessen, sogar eine Katze kommt vorbei. Um 22 Uhr singen wir in der Kapelle ausgiebig Abendlieder. Die Kinder schlafen augenblicklich ein – ich auch.

Unser letzter Pilgermorgen beginnt mit einem Frühstück um sieben Uhr. Lea interessiert sich mehr für die bunte Schar der indischen und afrikanischen Studenten. Hanna möchte wieder ›Bruder Jakob‹ in allen Variationen singen. Heute sind wir nach eineinhalb Stunden auf dem Weg, aber am Ortsausgang stoßen wir auf einen wunderbaren Spielplatz mit Springbrunnen und Wasserspirale. Das Vormittagsprogramm ist damit klar und ich kann um zwölf Uhr, rechtzeitig zur Mittagshitze, anfangen, Strecke zu machen. Rauf oder runter – bei jedem Schritt spüre ich, dass ich noch einmal genauso viel Masse schieben muss wie mein eigenes Körpergewicht. Acht bis zehn Kilo soll ein Pilgerrucksack wiegen – ich schiebe 70.

Ich frage mich, ob das eigentlich Pilgern ist? Pilgern ist Abstand vom Alltag, um sich der Welt zu öffnen und das Vorfindliche zu transzendieren – so habe ich es in meiner Theologie des Pilgerns ›Sich fremd gehen‹ entfaltet. Und ich bin mir sicher: Wir pilgern. Die Kinder tauchen in eine ganz andere Welt ein, mit gotischen Kirchen und Strohschlafen, in den Wald pinkeln und Kochen auf dem Spirituskocher – und finden sich ganz selbstverständlich darin zurecht. Sie erobern sich die Welt, sind unterwegs nur mit dem Nötigsten. Nichts schweißt uns drei so zusammen wie die Erfahrung, dass das Leben auch ganz anders sein kann.

Wir schaffen es bis zur Abtei von Hauterive. Beim Aussteigen kippt der Wagen hintenüber. Lea erschrickt und schreit – ein sicheres Zeichen, dass der Wagen ihr ans Herz gewachsen ist. Mir auch, er ist unser rollendes Zuhause geworden. Die Kinder haben sich zwischen Büchern und Trinkflaschen, Stöckchen und Pilgermuscheln häuslich eingerichtet. Mama wird zuhause schimpfen über die Müllhalde, die sich da angesammelt hat. Dabei habe ich jeden Abend Stöckchen klammheimlich entsorgt, ausgelaufenen Saft aufgewischt und zerfledderte Bücher aufgeräumt.

Zurück nehmen wir den Zug. Die Kinder erfreuen sich an der Rutsche im Familienabteil des IC. Warum fahren wir jetzt schon nach Hause?, will Hanna wissen. Weil Mama sich auf uns freut. Was war blöde beim Pilgern?, frage ich Hanna. Langes Schweigen, dann: der bellende Hund. Und was noch? Nichts, alles andere fand ich gut.

Detlef Lienau ist Pfarrer und Autor einer theologischen Monographie zum Pilgern (›Sich fremd gehen. Warum Menschen pilgern‹, 2009) sowie langjähriger Leiter von Pilgerwanderungen.

Informationen unter www.eeb-loerrach-waldshut.de

Pilgern mit Kindern

Erlebnisbericht einer gemeindepädagogischen Aktion

Marit Krafcick

Warum Pilgern mit Kindern?

Selbst bin ich noch nie gepilgert. Daher habe ich mich mit dem Thema in verschiedener Weise auseinandergesetzt. Ich habe begeistert den Erfahrungsberichten von Freunden und Bekannten gelauscht.

Was hinter dem Begriff »Pilgern« steckt, hat sich im Laufe der Jahre gewandelt. Was mich heute daran fasziniert, ist dieses »Loslassen und Losgehen«. Auf dem Weg sein und dabei bei sich sein, bei Gott sein, mit anderen, die mit mir auf dem Weg sind, in Kontakt sein. Das alles ohne viel Gepäck und Aufgaben im Genick. Eine wichtige spirituelle Erfahrung, Gott auf diese Weise nah zu sein. Dies den Kindern zu ermöglichen, war meine erste Intention.

Die Gegend, in der ich gepilgert bin, ist landschaftlich und geschichtlich sehr reizvoll. Ich kannte ein paar Menschen, die dort leben, und auch deren Kirchen. Mit dem neuen Schuljahr sollte das mein neuer Arbeitsbereich werden. Pilgernd mich mit Menschen und Gegend mehr vertraut zu machen, schien mir eine gute Einstiegsmöglichkeit zu sein. Das war meine zweite Intention.

Die Vorbereitung

Für mich war klar: Das muss in der ersten Ferienwoche sein. Den Schulalltag loslassen, sich einlassen auf die freie Zeit, umschalten.

Die weiteren Fragen, die es zu bedenken galt, bedachte ich auch mit den Menschen vor Ort: Welche Wegstrecke gehen wir in der Woche und am Tag? Beschränke ich mich auf eine Altersgruppe? Wie viele Kilometer schaffen wir am Tag? Welche weiteren Teamer gehen mit? Wie verpflegen wir uns? Wie gestalte ich den Rahmen?

Zuerst gab es viele Gespräche und Antworten auf meine Fragen.

Nach Beratung und Selbsterkundung legte ich für jeden Tag eine Wegstrecke fest, die ich im Vorhinein abgelaufen bin. Die Tagesstrecke lag zwischen fünf und sieben Kilometern. Eingeladen waren Kinder ab der 1. Klasse, aber auch Teenies und Jugendliche. Für jeden Tag gab es mindestens einen Jugendlichen oder Erwachsenen, der uns begleiten wollte. In jedem Ort, an dem wir ankamen, war ein Essen organisiert. Den geistlichen Rahmen gestaltete ich mit Psalm 23.

Nachdem die äußeren Dinge geklärt und alle Informationen zusammengestellt waren, gab ich einen Handzettel in Auftrag. Er wurde in hoher Auflage gedruckt und breit gefächert verteilt. Ebenso nutzte ich die übliche Werbung über Internetseiten und Kommunalblätter.

Wovon mir die Verantwortlichen in den Gemeinden abgeraten hatten, war die Übernachtung in Kirchen oder im Gemeindehaus. »Lass es langsam angehen und wir werden sehen.« Daran habe ich mich auch gehalten. Die Übernachtung hätte schon noch ein Stück Mehrarbeit bedeutet. So mussten die Teilnehmerinnen und Teilnehmer organisieren, wie sie jeden Morgen zum Startort und am Abend wieder zurück kommen. Dafür hatte ich auch den Kirchenkreisbus gebucht.

Für den geistlichen Rahmen bekam jeder ein Liedblatt und sein Pilgertagebuch. Ich hatte mir für jeden Tag einen Vers aus Psalm 23 ausgesucht. Damit habe ich die Andacht am Morgen und den Abschluss des Tages gestaltet. Ebenso gab es ein Wort, ein Symbol aus dem Psalm als Impuls am Startpunkt des Weges.

Was haben wir erlebt

Die Resonanz war spärlich. Ich fragte mich, woran das liegt. Einiges konnte ich mir erklären. »Du bist neu in der Gegend. Längere Zeit gab es hier keine gemeindepädagogische Arbeit.« Manche fragten, »ob das wohl das Richtige für unsere lauffaulen Kinder und Jugendlichen ist?«. Einige erzählten mir

© ARochau · Fotolia

len der Wegzehrung, schweigend jede, jeder für sich laufend und dann miteinander reden über Gott und die Welt, das erfrischende Bad nach den anstrengenden letzten Metern. Was jede und jeder in sein Pilgerbuch geschrieben hat, bleibt ein Geheimnis und hoffentlich in prägender Erinnerung.

Was es für mich so eindrücklich gemacht hat, war das intensive Zusammen-Gehen, Miteinander-Reden. Ich war am Abend glücklich und zufrieden.

Das kann ich weitergeben

Mein Feedback: Das Pilgern mit Kindern ist eine lohnenswerte Aktion für Teilnehmerinnen und Teilnehmer, für Mitarbeiterinnen und Mitarbeiter und für die Gemeinden vor Ort. Die Aktion lässt eine Menge an Möglichkeiten zu. Zum Beispiel war auch meine Idee gewesen, die Orte und die Kirche noch mehr zu erkunden. Man kann mit kommunalen Trägern vor Ort zusammenarbeiten, Ortstypisches entdecken. Doch diesbezüglich musste ich wegen der verkürzten Zeit Abstriche machen. Meine Ziele habe ich erreicht. Bedenken muss man die eigene Situation, den Termin, die Wegstrecke. Wenn man in einem Gebiet schon mehr zuhause ist, würde ich auch auf alle Fälle unterwegs übernachten. Das habe ich mir für diesen Sommer vorgenommen. Es wird wieder in der Woche stattfinden und ich freue mich darauf.

auch, sie führen zu Beginn der Ferien in den Urlaub. Dazu kam die übliche Praxis der letzten Jahre: »Ich lege mich nicht fest, es könnte ja noch etwas Besseres kommen.« Damit konnte ich gut leben, denn ich musste ja keine Stornokosten bezahlen. Ich hatte drei Tage vor Beginn sieben Anmeldungen, davon einige unverbindlich. Aber die sich angemeldet hatten, freuten sich sehr darauf. Auch ich selbst hatte mich auf diese Zeit gut vorbereitet und war angenehm gespannt. In den Gemeinden war alles organisiert, dort gefiel den Menschen, dass wir in ihre Kirche kamen. Also sollte es nicht ausfallen. Wir verkürzten die Zeit und pilgerten nur zwei Tage.

In der Lokalpresse wurde die Aktion begeistert verfolgt und wir hatten ein Interview. Dabei sagte Carl: »Wenn ich nicht mitgekommen wäre, hätte ich viel verpasst.«

Und was? Das habe ich gefragt. Die Gemeinschaft, in der Natur sein und entdecken, das Tei-

Marit Krafcick ist Gemeindepädagogin (FH), Referentin für die Arbeit mit Kindern und Familien im Kirchenkreis Südharz, Hamma.

ZURÜCKGEBLÄTTERT ZUM THEMA DIESES HEFTES

in: Die Christenlehre 31/1978, U 177 ff.

WIR BESUCHEN CHRISTEN IM NACHBARLAND POLEN (aus dem Praxisentwurf)

In der Kindergruppe werden positive und negative Verhaltensweisen gelebt, die auch im Verhalten der Völker zueinander wirksam werden. Das Evangelium gibt Hilfe zur Orientierung, zur Urteilsfindung. Es leitet dazu an, partnerschaftlich mit den Mitmenschen umzugehen, ihn in seiner Andersartigkeit anzunehmen. (...) Wenn die Kinder Menschen eines anderen Volkes wirklich kennenlernen, können sie deren Verhalten leichter verstehen und akzeptieren. (...)

Erfahren, wie Christen im Nachbarland Polen leben: Es geht darum, dass die Kinder durch die Begegnung mit polnischen Christen selbst herausfinden, dass das Evangelium von Jesus Christus verbindende Kraft hat. Sie sollen so sensibel werden für die Aussage

des Evangeliums, für seine Geltung im Alltag. Das Thema »Vorurteil« wird bewusst nicht verbalisiert; es soll den Kindern im Unterrichtsverlauf einleuchten, dass Vorurteile oft durch Unkenntnis und Überheblichkeit entstehen.

Praxis-Bausteine: Reise nach Polen mit dem Kinderbuch von R. Klein »Die Reise mit dem primelgelben Auto« (Berlin 1978), daraus die Landkarte / (ggf. erinnern an das Kinderkrankenhaus in Warschau, Kontakte zum Blindendorf Laski) / Marienbild in einer katholischen Kirche / Erzählung vom Leben der evangelischen Gemeinden / Polnische Brezeln / Lieder und Tänze u. a.

Mechthild Pecina

Der Guide für Guides

Das erste unternehmensspezifische Handbuch für Reiseleiter

Reiseleiter richtig auf ihren Job vorzubereiten, ist eine große Herausforderung – besonders, wenn die Reiseleiter im Sinne des Reisenden und des Veranstalters arbeiten sollen. Viele Reiseveranstalter meistern das mit einem einmal jährlich stattfindenden, aufwändigen und kostenintensiven Seminar. Andere hoffen auf die Erfahrung, die die Reisebegleiter selbst mitbringen.

Eine wirklich gute Idee, um Unterstützung zu leisten, hatte Dirk Brückner. Er entwickelte zusammen mit vier erfahrenen Aktiv-Reiseveranstaltern (Highländer Aktivreisen, Elch Adventure Tours, Windbeutel Reisen und Boundless Reisen) ein Reiseleiterhandbuch. Hierbei wird auf die Spezifika des jeweiligen Reiseveranstalters genauso eingegangen wie auf Standardsituationen während der Reisen. Der Name des individuellen Buches: **Let's Guide – Kleines Handbuch zur Reiseleitung!**

Im ersten Kapitel holt Let's Guide die Leserinnen und Leser **aus ihrem individuellen Umfeld** ab. Die Unterschiede zwischen Tourismus und Reisen werden erläutert. Kurz wird auf die Reiseorganisation eingegangen. Dabei erfährt der Leser auch, welche Rolle er als zukünftiger Reiseleiter einnehmen soll.

Doch zunächst widmet sich das Buch im zweiten Kapitel der **Kundenorientierung**. Kundenerwartungen, die Beziehung zu den Kunden auf den Reisen und der Umgang mit Beschwerden sind Themen in diesem Teil.

Im dritten Kapitel geht es um die Reise an sich. Was zu tun ist **vor, während und nach der Reise**. Der Leser erfährt auch, wie er sich als Reiseleiter bei spezifischen Reiseformen, wie Busreisen, Radreisen und Wanderreisen verhalten soll.

Die Themen **Sicherheit und Erste Hilfe** draußen sind Bestandteile des vierten Kapitels.

Das fünfte Kapitel widmet sich den **Spezifika des Reiseveranstalters**, der das Buch in Auftrag gibt. Es wird für jeden Reiseveranstalter neu geschrieben bzw. übernimmt die bereits bestehenden Reiseleiterinformationen. Besondere, unternehmensinterne Informationen werden hier für die Reiseleiter zusammengetragen. Vie-

le Entscheidungen der Reiseleiter sind Ermessenssache. Daher ist der Kontext, in dem die Fakten dargestellt werden, wichtig **für das Verständnis der Reiseleiter**. Aus diesem Grund spricht Unternehmensberater Dirk Brückner mit dem Reiseveranstalter und baut die Ergebnisse seiner Gespräche und Interviews in das Kapitel ein.

Checklisten, Vorlagen und Quellenangaben runden das inhaltsreiche Buch ab. Auf Wunsch kann das Buch auch ohne das unternehmensspezifische fünfte Kapitel erworben werden.

Ergänzend zum Buch bietet Brückner Webinare an. Diese je 90-minütigen Seminarmodule finden live in einem virtuellen Klassenzimmer statt. Je nach Bedarf können die Reiseveranstalter Themen für ihre individuelle Reiseleiterschulung zusammenstellen und dann online schulen lassen. Fahrtkosten und aufwändige Seminarvorbereitungen fallen auf diese Weise weg.

Interessenten wenden sich direkt an Dirk Brückner (Tel. 02233 2055644, info@tourismus-itp.de).

HERAUSFORDERND PILGERN

Weil Glaubenserfahrungen einem nicht einfach in den Schoß fallen

Detlef Lienau

»Hart war es, aber wunderbar. Es hat mich überfordert und trotzdem gehe ich gestärkt nach Hause«, so bündelt ein Mitpilger seine Erfahrungen. Ein Mann, der sein Leben sonst im Griff hat, er ist sportlich, selbstbewusst und beruflich erfolgreich. Aber nach zehn Pilgertagen setzt ihm eine Sehnenentzündung Grenzen. Er hat klein beigeben müssen – und gerade dies nimmt er als wertvolle Erfahrung mit nach Hause: Ich habe Grenzen, ich habe gelernt zu scheitern, aber daran geht die Welt nicht zugrunde. Solche Erfahrungen sind es, die mich auch nach über zehn Jahren immer noch für mehrere Wochen mit Pilgergruppen aufbrechen lassen. Umgekehrte Erfahrungen natürlich auch: Die zaghafte Mitpilgerin, die merkt, was in ihr steckt. Die nach einem bewältigten Pass sagt: Jetzt weiß ich, dass ich auch meinen Alltag hinbekommen werde.

Meine Pilgerwanderungen sind anspruchsvoll. Sie unterscheiden sich vom üblichen kirchlichen Angebot des Tagespilgerns, das eine überschaubare Wegstrecke strukturiert und liturgisch begeht – Pilgern als Besinnungsweg mit Ruhe und Geborgenheit als Leitmotiv. Meine Pilgerwanderungen sind anders: Sie dauern zwei Wochen, führen ein in andere Länder mit ungewohntem Klima und fremder Sprache. Wir schlafen in einfachen Herbergen, die möglichst nicht reserviert werden. Die Tagesetappen von 25 Kilometer scheinen auf den ersten Blick unproblematisch. Wer aber vom letzten Tag noch erschöpft ist, nachts schlecht geschlafen hat und Blasen an den Füßen in den Tag mitnimmt, für den sind auch 25 Kilometer mit Rucksack eine

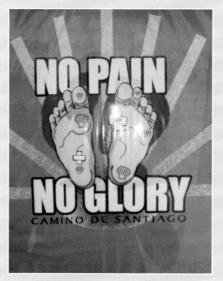

Herausforderung. Die Hälfte meiner Teilnehmer muss mindestens einen Tag pausieren. Will man mittags nicht in Hitze kommen, empfiehlt sich ein früher Start in den Tag mit einem Frühstück um sechs Uhr und zügiges Laufen mit wenigen Pausen. Was soll dieses Eilen, wenn doch der Alltag stressig genug ist? Darf ein evangelisches Pilgerangebot Leistung fordern?

Ja, weil Glaubenserfahrungen einem nicht einfach in den Schoß fallen, sondern meist Frucht geistlicher Übung sind. Ja, weil die Freude an der bewältigten Herausforderung neues Selbstvertrauen gibt. Und vor allem: Weil das Wagnis das Wesen des Pilgerns ist. Im Hebräerbrief nennen sich ➡

die Christen Gäste und Fremdlinge auf Erden, die sich nach dem himmlischen Vaterland sehnen. Wir Menschen sind peregrini, Pilger. In der Tradition gilt Abraham als Urtyp des Pilgers: Er lässt alle Sicherheit und Heimat zurück, riskiert sich und wird unbehaust im hoffenden Vertrauen auf etwas, das ihm vorausliegt. Es geht um Vertrauen und die eschatologische Dimension des Glaubens: Christen sehnen sich nach einer Wirklichkeit, die das Hier und Jetzt übersteigt. In diesem Sinn hat jahrhundertelang das Christentum das Pilgern verstanden. Heute brauchen wir – neben Trost und Bestätigung – wieder diese Orientierung auf etwas, das uns vorausliegt. Der Weg hat ein Ziel. Darum pilgere ich herausfordernd.

Alltagsdistanz ist das zentrale Motiv meines Pilgerns: Anders als zuhause sind wir auf unsere Füße angewiesen und tagsüber im Freien. Die Schlafsäle nehmen uns die Privatsphäre, das Essen ist einfach, die soziale Rolle des Alltags irrelevant. Aber die Veränderungen auf dem spanischen Jakobsweg machen Alltagsdistanz schwieriger: Wer an mehreren Getränkeautomaten vorbeikommt, wird eine einfache Quelle nicht als erlösendes Geschenk erleben. Wenn in den Herbergen vermehrt Waschmaschinen stehen, muss das Wäschewaschen per Hand mühsam als bewusster Entschluss errungen werden. Handy und Internet sind eine dauernde Verlockung, in den alltäglichen Beziehungen und Themen zu bleiben.

Mit der Distanz zum Alltag hängt die Distanz zu sich selbst zusammen: Wer immer alles im Griff haben will, bleibt leicht bei sich. Eine wichtige Übung des Pilgerns ist es, sich selbst aus der Hand zu geben. Darum vertrauen wir uns der Rolle des Pilgers an und dem vorgegebenen Weg. Wir haben eine klare Tagesstruktur mit gemeinsamen Mahlzeiten und Andachten morgens und abends. In einer Kultur der Selbstverwirklichung ist solche Fremdbestimmung ein überraschendes Programm. Aber sie hilft, dass wir uns tatsächlich auf Neues einlassen und neu werden. Es ist ja nur ein Experiment, ein Ausprobieren für zwei Wochen. Aber die Erfahrungen bleiben haften.

Als Leiter sehe ich meine Aufgabe darin, den Teilnehmenden Befremdliches zuzumuten: Ich erwarte, dass der Rucksack getragen, dass auch bei Regen gelaufen und an den Andachten teilgenommen wird. Nach anfänglicher Irritation – bei kirchlichen Angeboten rechnet man nicht mit dieser Klarheit – lassen sich die Gruppen gut darauf ein. Weil ich mit im Boot sitze. Nur wer mit sich selbst anspruchsvoll ist, kann es auch mit anderen sein: Auch ich trage meinen Rucksack, schwitze und falle abends müde auf die Isomatte. Das stärkt meine Rolle als Geistlicher. Gerade diese Nähe ermöglicht es mir, glaubhaft von ganz Anderem zu reden: Wer die Tagesetappe erklärt, dem traut man auch zu, beim Finden des Lebensweges behilflich zu sein. Wer beim Frühstück mit Kaffee und Müsli nährt, kann auch beim Abendmahl mit Brot und Wein stärken. Das Abendmahl gehört zu den dichtesten Momenten der Reise: Weil wirklich eine Gemeinschaft feiert, zusammengewachsen durch gemeinsam bestandene Herausforderungen. Weil die Vergebung auf dichte Erfahrungen des Scheiterns trifft, auch im Umgang miteinander. Weil wir Hunger und Durst kennengelernt haben und Stärkung neu wertschätzen können. Und am letzten Tag wasche ich oft allen die Füße: Die Mühsal soll nicht das letzte Wort haben, die Katharsis mündet in Freude.

Die Erfahrungen unterwegs und die Deutung durch Lieder, Bilder und biblische Texte passen erstaunlich gut zusammen. Äußerer und innerer Weg entsprechen sich. Selbst- und Außenerfahrung, Sinnlichkeit und Sinn, körperliche Präsenz und symbolische Repräsentanz stimmen überein. Glaubensaussagen werden unmittelbar plausibel. Glaube bleibt keine bloße Behauptung, weil er leiblich erfahren wird.

Seit über zehn Jahren bin ich mit Pilgergruppen unterwegs, über 5000 Kilometer. Auf dem spanischen Jakobsweg, aber auch auf Franziskus' Spuren nach Assisi oder durch Frankreich und die Schweiz. Manchmal nur mit Männern oder an Pilgerwochenenden mit Familien. Ans Aufhören mag ich nicht denken. Nirgendwo sonst habe ich die Früchte meiner Arbeit so unmittelbar erleben können.

Literaturtipp:
Detlef Lienau: »Sich fremd gehen. Warum Menschen pilgern«, 2009.

*Dr. Detlef Lienau,
Pfarrer, Studienleiter bei
mission 21, Basel, lebt in
der Kommunität Beuggen,
leitet Pilgerwanderungen
(www.eeb-loerrach-waldshut.de).
Promotion mit einer empirischen
Studie zur religiösen Erfahrung
beim Pilgern.*

Ein Extra-Koffer für die Andacht?

Spirituelle Elemente auf Gruppenreisen

Dagmar Krok

Manchmal werde ich von Reiseinteressierten gefragt: »Muss ich, wenn ich an der Reise teilnehme, bei Ihnen auch singen und beten?« Eine wichtige Frage, drückt sie doch zum einem eine klare Erwartung an die Evangelische Veranstalterin aus und zugleich die Scheu, vielleicht auch die Erfahrung, zu etwas Kirchlich-Religiösem gezwungen zu werden, das nicht verstanden oder gar abgelehnt wird. Meine Antwort lautet in einem solchen Fall: »Natürlich beinhalten unsere Reisen immer auch spirituelle Elemente und Sie sind herzlich eingeladen, daran teilzunehmen und auch hier Neues für sich zu entdecken, oder aber diesen Zeitraum für sich selbst zu gestalten.« Dahinter steckt ein klares Konzept evangelischer (Frauen-)Reisen, in dem wir davon ausgehen, dass eine gemeinsame Reise, in einer vertrauten oder auch fremden Gruppe, eine Auszeit vom Alltag ist und eine Vielzahl von Erlebnisräumen anbietet, wie z. B. Gesundheit und Bewegung, Gemeinschaft, Kultur, Ästhetik, Geschichte oder Spiritualität. Wenngleich die Schwerpunkte einzelner Reisen verschieden sind, ist es unser Anliegen, diese Erlebnisräume miteinander zu verbinden, ganzheitliche Erfahrungen zu ermöglichen und Räume für Möglichkeiten der Gottesbegegnung zu eröffnen.

Spiritualität ist Ausdruck der Sehnsucht, sich mit der Schöpfung und dem Transzendenten zu verbinden, der Sehnsucht, Gott nahe zu sein. Der Mensch sucht und findet – allein oder in der Gruppe – die Nähe Gottes. Die Grundbewegung evangelischer Spiritualität geht dabei von Gott aus. Luther hat es im Kleinen Katechismus formuliert: »Ich glaube, dass ich nicht aus eigener Vernunft noch Kraft an Jesus Christus, meinen Herrn, glauben oder zu ihm kommen kann; sondern der Heilige Geist hat mich durch das Evangelium berufen, mit seinen Gaben erleuchtet, im rechten Glauben geheiligt und erhalten.« Diese Bewegung Gottes

zu uns Menschen braucht keine besonderen Räume oder Zeiten, Spiritualität kann sich überall ereignen, Andachten können an jedem Ort der Reise gehalten werden. Aber nicht jeder Ort unterstützt das spirituelle Anliegen, Gott nahe zu sein. Wichtig ist, mit der Gegenwart Gottes zu rechnen, für das Erleben offen zu sein und Gott zu Beginn der Andacht, des Impulses oder Rituals einzuladen, uns seine Nähe zu schenken.

Zu jeder Zeit, an jedem Ort ist es möglich, Gottes Nähe zu spüren. Doch das gelingt nicht immer. Regeln, Traditionen, Rituale, Symbole, Stille, Gemeinschaft können helfen, die Konzentration und Aufmerksamkeit zu Gott hin zu schulen, durch Unterbrechung, Wiederholung, Verlangsamung und Besinnung. Dies geschieht im Gottesdienst, in der Andacht, im Lesen der Tageslosung, in (bewegter) Meditation und anderem mehr. Reiseleiter/-innen haben dieses Wissen als Grundhaltung im Gepäck und können damit Räume öffnen.

Kleine »Gepäckstücke« für spirituelle Elemente auf Reisen

Ins Reisegepäck gehören unbedingt eine **Kerze** (für draußen ein Windlicht), da Kerzen häufig Orte der Ruhe und des Gebetes markieren und besonders geeignet sind, einen spirituellen Raum zu eröffnen; **Symbole**, die das Thema aufgreifen; und ein **Tuch**, das einen Konzentrationspunkt markieren kann und in der Farbigkeit das Thema verstärkt und/ oder die Farbe des Kirchenjahres markiert. Hinzu kommt außerdem:

Haben Sie den **tatsächlichen Raum** im Blick. Was könnte ablenken? Welche Farben bestimmen den Raum? Ist es möglich, einen Kreis zu bilden? Ist eine Mitte zu gestalten oder ein Konzentrationspunkt, wie z. B. ein Kreuz, eine Kerze oder Blumen, für alle sichtbar? All diese Dinge können die Andacht befördern aber auch verhindern. Neh- →

men sie das ernst und erforschen Sie die Bedeutung von Farben und Formen. Exemplarisch der Kreis: »Durch die Form eines Kreises entsteht ein abgegrenzter Raum und eine Mitte. Der Kreis löst Hierarchien auf. Die Liturgin/der Liturg ist eingebunden in den Kreis der Feiernden … Kreis und Mitte sind nicht nur räumliche Merkmale, sondern können auch auf das Zentrum des Glaubens hinweisen und symbolisch für göttliche Gegenwart stehen.«[1]

Nehmen Sie das spirituelle Bedürfnis ernst, **sich mit der Welt und dem Transzendenten zu verbinden** und wählen Sie Themen für den Impuls, die unmittelbar etwas mit dem Thema der Reise oder des Tages zu tun haben. Hilfreiche Fragen dazu: Was werden wir heute sehen oder erleben? Welche Gefühle und Stimmungen könnten auftreten? Was lässt sich in der Andacht aufnehmen? Spirituelles Erleben wirkt in alle Lebensbereiche hinein und will/kann den Blick auf die Erfahrungen des Tages bereichern oder verändern.

Festtage, Gedenktage und Termine im Kirchenjahr sind gute Anknüpfungspunkte. Erzählen Sie von deren Bedeutung für unseren Alltag oder aber den Alltag/die Traditionen früherer Zeiten.

Das **Sein in freier Natur** bietet eine Vielzahl an Möglichkeiten, Räume zu eröffnen. Ein Baum, eine Quelle, ein besonderer Ausblick, ein Felsen … Manchmal entsteht durch den Ort wie von alleine der geschützte Raum, in dem die Gruppe zur Ruhe kommt, z. B. indem ein Baum seine Zweige wie ein Dach ausspannt. Die Natur lässt Texte lebendig werden, beispielsweise wird der Text: »Geist vom lebendigen Gott, erfrische mich wie Tau am Morgen, erfülle mich, sende mich«, gesprochen in einer frühen Andacht auf taufeuchter Wiese, vollkommen neu erfahrbar. Baum, Quelle oder auch Wind sind gleichzeitig Symbole, die viele Menschen tief im Innern ansprechen.

Manchmal gibt es auch Geschichten und Mythen von Orten, die sich gut einbeziehen lassen. (Am Hohen Meißner in Nordhessen gibt es beispielsweise drei Kalkfelsen, die die drei Ma[Mutter] Steine genannt werden. Auf einer Wanderung habe ich an den Steinen drei Stationen zu den Lebensaltern einer Frau, Junge – Mutter – Weise, verbunden mit je einer biblischen Frauenfigur gestaltet.) Informieren Sie sich rechtzeitig über Ihr Reiseziel und wenn möglich auch über Erzählungen oder Märchen. Lassen Sie sich persönlich anrühren durch die spirituelle Kraft eines Ortes.

Sorgen Sie für **Wiederholungen**, so können die Andachten/Impulse zum eigenen Ritual der Gruppe werden. Hilfreich sind ein wiederkehrender Ablauf und auch gleiche Texte.

Themenhefte mit Texten und Liedern für die Gruppenmitglieder ermöglichen das Einbeziehen der Einzelnen durch gemeinsames Lesen und Singen. Außerdem kann das Heft am Ende der Reise mitgenommen werden. So können zuhause spirituelle Impulse nachklingen und Texte erneut gelesen werden.

Als Gruppenleiterin habe ich immer meinen **»Schatz-Ordner«** im Gepäck. Seit Jahren hefte ich hier Texte ein, thematisch sortiert, die mich beim Lesen oder Hören besonders ansprechen. Mit diesem Ordner im Gepäck kann ich auf unvorhergesehene Ereignisse und Stimmungen in der Gruppe eingehen und auch schon mal das Thema eines Impulses komplett verändern.

Symbole eignen sich besonders, um den spirituellen Raum zu eröffnen, wie die Kerze, aber natürlich auch das Kreuz oder ein Engel. Symbole und symbolische Handlungen haben eine besondere Bedeutung für die religiöse Sprache, sie weisen auf eine andere Wirklichkeitsebene, auf Transzendentes und Göttliches hin und werden oftmals ohne Erklärung verstanden. Symbole sind sichtbare Zeichen einer auch unsichtbaren ideellen Wirklichkeit, das heißt: »In etwas Äußerem kann sich etwas Inneres offenbaren, in etwas Sichtbarem etwas Unsichtbares, in etwas Körperlichem das Geistige, in einem Besonderen das Allgemeine. […] Dabei kennzeichnet das Symbol immer einen Bedeutungsüberschuss, wir werden seine Bedeutungen nie ganz erschöpfen können.«[2] Manche Symbole lassen sich auch am Wegesrand finden oder aus Naturmaterialen herstellen (z. B. ein Kreuz aus Treibholz).

Trotz dieses vollgepackten Koffers kann es sein, dass der spirituelle Raum sich nicht öffnen wird. Mir ist es auf einer Reise einmal so ergangen: die Hotels waren zu unruhig, die Wanderung fiel wegen Regens aus, die Kirche war geschlossen … Das passiert. Lassen Sie sich dadurch nicht entmutigen.

Wichtig ist, dass Sie die Situation und den Impuls als stimmig erleben. Dann kann eine Andacht während der Busfahrt ebenso erleuchtend sein wie die im Raum der Stille. Seien Sie mutig, auch einmal etwas Ungewöhnliches zu probieren und sammeln Sie Erfahrungen. So wird Ihr Gepäck reicher, ohne schwerer zu werden! Dann wird die diesjährige Jahreslosung immer öfter lebendig: »Gott nahe zu sein ist mein Glück!«, und das gemeinsame Beten und Singen auf Reisen zum Lobe Gottes selbstverständlich!

Dagmar Krok, Diakonin und Diplom-Sozialpädagogin, ist Referentin im Frauenwerk der Nordkirche für Vernetzung, Konzeptentwicklung und FrauenReisen Hin und weg.

1   Halten Sie doch mal die Andacht, Frauenwerk Stein e.V.

2   Die Dynamik der Symbole, Verena Kast, Walter-Verlag AG, Olten 1990

Die Kirchengemeinde Ledeburg-Stöcken in Hannover bietet jedes Jahr eine 14-tägige Freizeit für Kinder von 8 bis 12 Jahren an. Fast immer geht es nach Dänemark in wechselnde Freizeithäuser, immer mit Selbstversorgung und immer mit einem Stamm an freiwilligen Teamern. Die Selbstversorgung sichert eine große Flexibilität im Tagesablauf, die Essenzeiten und auch die Gerichte richten sich nach dem Programm. Vor allem zum »Bergfest« und am letzten Abend der Freizeit gibt es besondere Speisen, an deren Herstellung die Kinder im Rahmen des Nachmittagsprogramms beteiligt sind.

Die Gruppe besteht in der Regel aus 20 bis 30 Kindern, einige sind schon erfahren, weil sie jedes Jahr wieder mitfahren, andere sind ganz neu und kennen weder die anderen Kinder noch die Teamer. Geleitet wird die Freizeit von zwei beruflich Mitarbeitenden der Kirchengemeinde.

»In 12 Tagen um die Welt«

Eine Kinderfreizeit auf Kreuzfahrt

Inga Teuber

Eigentlich waren wir nur auf Kinderfreizeit in Dänemark – so wie jedes Jahr. Aber in unseren Köpfen wurde das Freizeithaus zu einem Kreuzfahrtschiff und wir sind einmal um die Welt gereist! Los geht's.

Aufgeregt sammeln sich die Kinder auf dem Bahnsteig und verabschieden sich von ihren Eltern. Die erste Fahrt ist sehr real: Die Landschaft verändert sich. Erste Kontakte zwischen den Kindern werden geknüpft: Man tauscht Süßes und streitet um die Fensterplätze. Umstieg, warten auf einem fremden Bahnhof. Plötzlich ist es schwierig, die Beschilderungen zu lesen: Wir sind in Dänemark.

Am Ende des Tages: erschöpfte Ankunft in einem fremden Haus, Zimmer aufteilen, Abendbrot und die erste Nacht – für die Kinder mit mehr, für die Teamer mit weniger Schlaf …

Am nächsten Tag verwandelt sich unser Freizeithaus langsam in ein Kreuzfahrtschiff. Die Teamer sind die Mannschaft, die Kinder die Kreuzfahrtgäste.

Zuerst muss das Kreuzfahrtschiff eingerichtet werden. Die Kinder malen Fahnen und Wimpel. Alle Kabinen bekommen Namen und müssen beschriftet werden. Jeder Kabinentrakt hat einen persönlichen Steward oder eine Stewardess (die Teamer), die dort für Fragen und Wünsche der Kreuzfahrtgäste zuständig sind, aber wenn nötig auch energisch an die Bordregeln erinnern, damit die Sicherheit für alle gewährleistet bleibt.

Die Idee ist einfach. Auf die Gestaltung kommt es an.

Der Tagesablauf ist einfach und praktisch: Nach dem Frühstück legt das Kreuzfahrtschiff jeden Tag in einem anderen Land an. Am Vormittag tragen die Kinder zusammen, was sie schon über dieses Land wissen, und bekommen von den Teamern neue interessante Informationen. Auch manches Missverständnis kann auf diese Weise ausgeräumt werden: Es gibt wirklich keine Löwen in Indien und auf dem ganzen australischen Kontinent gibt es tatsächlich nur einen Staat und da leben mehr Schafe als Menschen.

Die Kinder bekommen viel Zeit für Hobbygruppen, in denen sie je nach Neigung verschiedene Dinge herstellen oder ausprobieren können, die zu dem Land passen, in dem wir an diesem Tag angelegt haben.

In den USA waschen wir »Gold« (kleine Metall- oder Plastikteile aus Sand waschen). In Kanada gibt es ein großes Fallensteller-Geländespiel im nahen Waldstück. In Japan basteln die Kinder wunderschöne Tischlaternen aus Transparentpapier. Natürlich dürfen in Australien die Regenmacher nicht fehlen und in Ägypten schwingen alle die Hüften im Bauchtanz (übrigens haben viele Jungen dabei mitgemacht). In China versuchen wir mit Stäbchen zu essen und bauen Drachen. In Brasilien gibt es ein großes Fußballturnier und in →

»Länder« unserer Kreuzfahrt und Programmanstöße

China: einen Drachen selbst bauen, einen Strohhut selbst herstellen, Essstäbchen mit dem Brenneisen verzieren

Japan: Teezeremonie, Sumoringen, Origami, Kalligraphie

Australien: Regenmacher herstellen, Spielekette am Strand, Schmuck aus Naturmaterialien herstellen

USA: in Hollywood wird ein Film gedreht, »Bärenjagd« als Such- und Fangspiel im Gelände, »Gold« waschen

Brasilien: Fußballturnier, Carneval in Rio mit möglichst fantasievollen Kostümen

Südafrika: »Safari« im Wald mit Beobachtungsaufgaben und Kimspielen, »Buschtrommeln« selbst herstellen

Ägypten: Bauchtanz kennenlernen, ein orientalisches Märchen als Schattenspiel aufführen

Griechenland: sportliche Olympiade, Sirtaki tanzen

Italien: Maskenbau

Bordvergnügen: Einrichtung des Freizeithauses als Kreuzfahrtschiff mit Kabinennamen, Flaggen, Rettungsringen usw., Quizabend Stadt-Land-Fluss, Captain's Dinner, Rettungsübung, grundsätzlich wichtige Sätze in verschiedenen Sprachen lernen

Gutscheine
Damit kannst Du Vorteile & Vergünstigungen für ein paar Aktivitäten an Bord bekommen:

Hier war ein Gutschein für einen Platz am Kapitänstisch	Hier war ein Gutschein für einen Cocktail	Hier war ein Gutschein für einen Landgang zum Shoppen	Hier war ein Gutschein für Rabatt im Board Shop
Platz am Kapitänstisch Bei Vorlage wird sofort ein Platz neben dem Kapitän für Dich freigemacht	**Gutschein für einen Cocktail** Einzulösen an Show– und Discoabenden bei Chefbarkeeper Andreas	**Landgang zum Shoppen** Bei Ankündigung von Land-gängen berechtigt dieser Gutschein zu einer Mitfahrt. Tägliche Teilnehmerzahl begrenzt.	**20 % Rabatt im Board Shop** Der Gutschein gilt für einen einmaligen Einkauf (max. Einkaufswert 5 DKK)

Südafrika stellen wir zusammen Buschtrommeln her.

Nachmittags gibt es oft Spielangebote, die ebenfalls an Spiele aus den jeweiligen Ländern angelehnt sind.

Uns als Kreuzfahrtleitung ist es wichtig, dass die Kinder selbst entscheiden können, ob und an welchem Angebot sie teilnehmen wollen. Möchte ein Passagier mal einen Tag mit einer guten Reiselektüre im Bett verbringen, wird das akzeptiert. Lediglich die Teilnahme an den Mahlzeiten ist Pflicht und natürlich fragen wir nach, wenn ein Kind sich auffällig zurückzieht.

Die Küche bemüht sich jeden Tag, etwas Landestypisches zu kochen, wobei das z. T. ungewohnte Essen dem Geschmack der Kinder angeglichen werden muss. In Indien gibt es Curry-Huhn, in Griechenland Gyros mit Zaziki und in den USA darf natürlich der Hamburger nicht fehlen. In Israel backen wir Mazzen selber und essen sie als Brot zum Abend.

Außerdem stellen wir mit den Kindern an jedem Tag einen Stempel aus Moosgummi her mit einem Symbol für das jeweilige Land. Mit diesem Stempel erhalten die Kinder einen »Visum-Sichtvermerk« in ihr Kreuzfahrttagebuch.

In diesem Tagebuch finden sich auch die Bordregeln, ein kleines Sprachlexikon mit den wichtigsten Vokabeln in sieben Sprachen, ein »Kajüten-Lageplan« (Grundriss des Freizeithauses), eine Liste mit den Namen aller Passagiere und eine Weltkarte, auf der die Reiseroute eingezeichnet werden kann.

Einen Landgang unternehmen wir dann tatsächlich mit einem Reisebus: Wir fahren gemeinsam ins Legoland nach Billund. Für alle ein unvergessliches Erlebnis, obwohl es an dem Tag recht kühl ist und immer wieder nieselt.

Und dann gibt es noch die Abendgestaltung, für die viele Kinder nachmittags in den Hobbygruppen etwas vorbereiten. Im Hafen von Rio de Janeiro feiern wir Karneval mit bunten und fantasievollen Kostümen. Im Hafen von Kairo wird abends ein selbst geschriebenes Märchen als Schattenspiel aufgeführt und in Hollywood gibt es eine Mini-Playback-Show.

Und am letzten Tag muss die Kreuzfahrt natürlich mit einem »Captain's Dinner« enden. Alle machen sich sehr fein dafür. Es gibt Cocktails und die berühmten Eisbomben mit Wunderkerzen, die im gedämpften Licht serviert werden.

Also, eigentlich war es eine ganz normale Kinderfreizeit in Dänemark. Aber wir kamen alle als erfahrene Weltreisende zurück.

Inga Teuber ist Diakonin und Heilpädagogin BA. Bis 2012 war sie Diakonin für Arbeit im Sozialen Brennpunkt in der Kirchengemeinde Ledeburg-Stöcken in Hannover.

(M)EIN TRAUM VON KIRCHE

Gelingende »Gemeinde auf Zeit« bei Kirche Unterwegs

als Modell kirchlicher Praxis

Astrid Polzer

Kurz vor Sonnenuntergang auf einem bayrischen Campingplatz: 15 Erwachsene und acht Kinder haben sich zum Laternenzug über den Platz getroffen. Den ganzen Tag hat es geregnet; trotzdem oder gerade deshalb war man gern bei uns im Zelt gewesen zum Laternenbasteln. Wir gehen über den Platz, singen »Ich gehe mit meiner Laterne«, manche können es, manche lernen es. Viele Camper schauen neugierig, lassen sich einladen mitzukommen. Am See angekommen, ist es dunkel. Wir beenden den Laternenzug und laden zur anschließenden Kurzandacht ein. Fast alle bleiben, um die 50 Menschen. Wir singen auswendig »Der Mond ist aufgegangen«; eine kurze, frei vorgetragene Geschichte, Vaterunser und Segen beenden den Tag.

Am Abend beim Kreativprogramm für Kinder und Erwachsene – bei uns ausdrücklich aufgefordert, gemeinsam zu kommen! – ist eine Mutter unsicher über die Bastelarbeit: »Wie soll ich denn das genau machen?« Sie bekommt von einer Mitarbeiterin ein paar Anregungen, ihr Sohn hat Ideen und fängt schon an, den Spiegelrahmen kreativ zu bekleben, ohne jede Bastelvorlage. Immer mehr vertiefen sich die beiden: Der Sohn bringt Material, die Mutter klebt; das Ergebnis wird schön bunt. Danach bekommt sie Lust, nach ihrem Geschmack noch einen eigenen Rahmen zu machen. Der Sohn schaut zu –

die Mutter ist zum Schluss selbst überrascht über ihre wunderschöne, geschmackvolle Gestaltung.

Ein Nachmittag auf dem Campingplatz in Marina di Venezia: Eine Mutter kommt etwas verzweifelt mit ihrer 9-jährigen Tochter, die ein Referat über Heilige Schriften im Judentum für die Schule →

kurz nach den Ferien vorbereiten muss. Die wichtigen Punkte für die Schülerin sind schnell erledigt und danach ergibt sich ein intensives Gespräch mit der Mutter darüber, dass wir vom Judentum als Wurzel unseres Glaubens zu wenig wissen und wie interessant der Besuch im jüdischen Viertel in Venedig war.

Bei einem Filmabend spricht mich ein Vater an, der seine Tochter gebracht hat: »Können Sie mir mal kurz den Unterschied zwischen evangelisch und evangelisch-lutherisch erklären?« Es stellte sich heraus, er ist katholisch, seine Frau aus einer evangelischen (unierten) Landeskirche. Es wurde ein längeres Gespräch!

Gelingende Gemeinde auf Zeit

Diese Begebenheiten sind typisch für das, was ich bei Kirche Unterwegs erlebe und wovon ich in meiner Zeit als Gemeindepfarrerin manchmal nur träumen konnte:

Kinder und Erwachsene kommen gerne, warten z. T. schon ungeduldig auf den nächsten Programmaushang. Manche Veranstaltungen, vor allem anspruchsvollere Bastelarbeiten für Familien, muss man mit Anmeldung durchführen, sonst wären sie total überfüllt.

Es wird gerne, viel und oft auswendig gesungen, mit Bewegungen und ohne.

Verkündigung, theologische Inhalte – explizit und implizit – sind nah dran an dem, was die Menschen bewegt und wonach sie fragen (und sie fragen tatsächlich!).

Das Miteinander von »Insidern« und »Neuen« gelingt relativ problemlos.

Es ist Zeit für seelsorgerliche und theologische Gespräche.

Die Hauptamtlichen arbeiten sehr viel inhaltlich, direkt oder indirekt in der Fortbildung und Begleitung der Ehrenamtlichen. Der Verwaltungsanteil der Arbeit ist relativ gering, vor allem deshalb, weil es sehr wenig Sitzungen/Besprechungen gibt und keinen Gebäudeunterhalt. Die Themen Personal, Finanzen und Gebäude, die viele Kirchenvorstände und Gemeindebrief-Inhalte prägen, spielen vom Zeitaufwand her keine große Rolle.

Warum geht das – liegt es nur am Urlaub?

Natürlich gibt es manche Bedingungen im Urlaub, auf Reisen und auf dem Campingplatz, die es einfacher machen, dieses gelingende Miteinander zu erleben. Vieles andere ist aber ganz oder teilweise übertragbar auf die Arbeit anderswo. Allerdings braucht es dazu einen Blickwinkel, der binnenkirchliche Diskussionen relativiert und die Lebenswirklichkeit derer in den Blick nimmt, die nicht (hauptamtlich oder ehrenamtlich) mit viel Engagement und Zeit wöchentlich und regelmäßig am Gemeindeleben teilnehmen. Dieser fällt bei Kirche Unterwegs leicht, da Menschen aus unterschiedlichen Milieus und mit unterschiedlicher Kirchenbindung auftauchen.

Übertragbare Aspekte unserer Arbeit auf den Campingplätzen, die auch in Kirchengemeinden vorhanden sind und ausbaubar wären:

Unsere Angebote sind niederschwellig in Bezug auf die Räume und Voraussetzungen.

Oft sind die Veranstaltungen *draußen*; wenn sie das nicht sind, sind das Zelt oder die Tür des

Veranstaltungshauses zumindest bis zum Anfang weit offen und jemand weist – wenn nötig – den Weg. Kirche ist dadurch öffentlich sichtbar. Dadurch kann man vorsichtig von Weitem schauen, erst einmal zuschauen, bevor man mitmacht. Das tut schüchternen Kindern wie unsicheren Erwachsenen gleichermaßen gut. Wenn man dann noch von freundlichen Mitarbeitern eingeladen wird, näherzukommen, ist für viele die Hemmschwelle überwunden.

Außerdem sind unsere Angebote *niederschwellig im Inhalt,* d. h. man braucht keine Voraussetzungen, keinen »Stallgeruch«, kein Insiderwissen über Inhalte, Räume und Gepflogenheiten. Gottesdienste und Andachten gestalten wir einfach nach agendarischer Ordnung ohne gesungene Liturgie; man braucht kein Vorwissen.

Wir Mitarbeitende rechnen in jeder Veranstaltung damit, dass Menschen da sind, die noch nie da waren. Sie sollen problemlos mitkommen.

Wir müssen gute Werbung machen und immer wieder neu gut überlegen, wie die Menschen, die wir ansprechen wollen, möglichst aktuell und präzise informiert werden über unsere Angebote.

Auf dem Campingplatz heißt das z. B.: Plakate da aufhängen, wo die meisten täglich vorbeikommen, z. B. am Supermarkt, in Waschhäusern, an Rezepti-

onen – auf jedem Platz unterschiedlich. Diejenigen, die kommen, bitten, Werbung bei anderen zu machen, z. B. durch die Weitergabe von Handzetteln. Eine regelmäßig gepflegte und aktualisierte Website ist wichtig.

Wir singen bekannte Lieder und die häufig wiederholt. Denn Singen macht Spaß, wenn man es kann – Kindern wie Erwachsenen. Dazu gehören viele kurze Lieder und Kanons oder zumindest solche mit einem Refrain, den man schnell lernt. Kinder unter zehn Jahren bekommen dazu im Regelfall kein Liederbuch, denn das Lesen lenkt sie zu sehr vom Singen ab. Spezielle Lieder zu einem Thema, wie biblische Erzähllieder, werden bei uns nicht gelernt – denn man singt sie nur einmalig.

Mitarbeitende strahlen aus, dass sie Zeit und Begeisterung mitbringen. Dadurch sind Gespräche möglich zwischen und neben Veranstaltungen, am Lagerfeuer, beim abendlichen Bier oder gezielt, weil Menschen mit Lebensfragen oder Glaubensfragen auf einen zukommen. Viele solcher Gespräche haben wir mit Eltern, die ihre Kinder von der Kinderstunde abholen und über Probleme in der Erziehung allgemein, in der Schule oder im Kindergarten reden möchten. Sie sind neugierig, wie wir ihr Kind wahrnehmen und wie Förderung möglich wäre. Sie freuen sich, wenn sie merken: Wir beobachten ihr Kind genau und wertschätzend und jedes Kind darf mitmachen (immer wieder auch behinderte Kinder).

Es gibt keine Insider, die den anderen sagen, wie es schon immer war und wie es zu sein hat.

Ebenso wird niemand misstrauisch beäugt, der nur gelegentlich oder einmalig kommt. Eigentlich ist dieser Umstand erstaunlich, denn »Insider«, die seit Jahrzehnten zu den Programmen von Kirche Unterwegs kommen, gibt es nicht wenige. Sie suchen sich ihren Campingplatz gezielt danach aus, wo Kirche Unterwegs zu finden ist; z. T. kommen die, die als Kinder bei uns waren, jetzt mit ihren Kindern und erzählen von früher.

Trotzdem gelingt das Miteinander mit den Anderen, Neuen und Zaungästen im Regelfall problemlos und ergänzt sich; es ist z. B. gut, dass manche die Lieder und Gepflogenheiten schon kennen und anderen helfen können.

Auf dem Campingplatz ist klar: Alle sind gelegentliche Gäste, denn alle fahren irgendwann wieder weg bzw. haben zwischendurch etwas anderes vor. Deshalb ist es gut, wenn immer Neue dazukommen.

Man muss nicht regelmäßig kommen, um das Gefühl zu haben »Hier gehöre ich dazu.« ➔

Vorankündigung:

Das Kirche Unterwegs Team und Pfarrerin Astrid Polzer laden ein: Sonntag 11.08.2013 (10³⁰ Uhr)

Familiengottesdienst mit Mitmachaktion

„Ein gewaltiger Sturm — wie stark ist euer Glaube?"

♥-liche Einladung für alle von 0 - 99

Die Zielgruppe unseres Angebote ist jeweils relativ groß. Konkret heißt das auf den Plakaten dann z. B. bei einem Kreativangebot am Abend: »für Erwachsene, Jugendliche und Kinder unter zehn Jahre in Begleitung von Erwachsenen«, beim »Betthupferl« (außerhalb Bayerns »Gute-Nacht-Geschichte«; besteht aus Liedern, Geschichte, Fingerspiel, Puppenspiel, Abendgebet): »Auch für die ganz Kleinen« – da kommen viele Menschen zwischen 0 und 70 Jahren. Entsprechend versucht man Geschichten zu finden, die für ganz Kleine verständlich sind und für Erwachsenen einen tieferen Sinn haben. Die kleinste Zielgruppe gibt es bei den Kinderstunden ab sechs Jahre, wobei oft jüngere Geschwisterkinder dabei sind. Krabbelstunden für Zweijährige, Kindergruppen für Sieben- und Achtjährige oder reine Seniorenveranstaltungen sucht man bei uns vergeblich. Dafür können bei uns oft Familien gemeinsam kommen, nicht selten sogar drei Generationen. Ziel ist dabei für uns, gemeinsames Tun als bereichernd zu erleben und die eigenen Fähigkeiten zu entdecken (z. B. kreatives Gestalten statt sich an genaue fertige Bastelvorlagen zu halten) .

Es begegnen uns wenig Kritik und kaum überhöhte Ansprüche. Dadurch entfallen für Hauptamtliche und engagierte Ehrenamtliche viele Gremiensitzungen, Konfliktgespräche und frustrierende Erlebnisse, die die Motivation beeinträchtigen könnten. Liegt es daran, dass Menschen im Urlaub gelassener sind? Wenn wir Kritik hören, dann ist sie im Regelfall ganz konkret im Sinne von Verbesserungsvorschlägen, die auch umsetzbar sind. Ansonsten gilt: Wem nicht gefällt, was wir machen, der kommt einfach nicht.

Ehrenamtliche erleben bei uns hohe Wertschätzung in ihrer Arbeit. Nicht selten staunen diejenigen, die unsere Veranstaltungen besuchen, darüber, dass Menschen bereit sind, in ihrem Urlaub kirchliche Angebote auf Campingplätzen zu veranstalten. Bei drei Angeboten pro Tag (im Regelfall Kinderstunde, Betthupferl und ein weiteres z. B. kreatives oder

sportliches Angebot für Familien, Jugendliche und/ oder Erwachsene) bleibt am Tag nicht viel eigene Freizeit. Deshalb erfahren Ehrenamtliche in ihrer Arbeit hohe Anerkennung und Wertschätzung durch die Besucher und Besucherinnen. Das schafft mehr Motivation als das »Dankeschön« eines Hauptamtlichen danach.

Kirche begegnet Menschen immer in ihrer Freizeitwelt. Und damit in Konkurrenz zu Alternativen (wie dem Familienfrühstück) und anderen Angeboten. Das ist im Urlaub genauso wie im Alltag. Im Urlaub ist es nur präsenter und selbstverständlicher. Das bedeutet für uns: Wir machen niemandem ein schlechtes Gewissen, weil er sich gelegentlich anders entscheidet und z. B. die Kinderdisco dem Betthupferl vorzieht. Andererseits wissen wir, dass unsere Attraktivität und unser Werbeweg mit diesen anderen Angeboten verglichen werden, ob wir das wollen oder nicht. Wenn wir auf Wetter und Alternativangebote keine Rücksicht nehmen, dann kann es uns passieren, dass einfach niemand kommt.

Fazit

Je länger ich bei Kirche Unterwegs arbeite, umso fraglicher wird mir das Gemeindebild aus Apostelgeschichte 2 (»Und sie waren täglich einmütig beieinander …«), das ich als Gemeindepfarrerin als Idealbild im Herzen hatte. Damit stellen sich Fragen für Kirche überhaupt: Ist nicht in einer hoch mobilen Gesellschaft jeder Gottesdienst, jede Gemeindeveranstaltung »Gemeinde auf Zeit«? Was bedeutet es, wenn wir das für Kirche insgesamt ernstnehmen? Wollen wir Menschen, die sich als Christen verstehen, in einer Gesellschaft, in der »Zeit« für viele die knappste Ressource ist, die Gelegenheit geben, guten Gewissens gelegentlich an kirchlichen Veranstaltungen teilzunehmen und ihren Glauben damit so zu leben, wie es ihrer Lebenssituation und ihrer Zeiteinteilung entspricht?

Wenn wir solche gelegentliche Teilnahme als adäquate Gestaltung von Glaubensleben akzeptieren, hat das m. E. manche Folge für das, was wir anbieten, wie, wo, für wen, mit welcher Werbung – immer mit dem Ziel: Wer kommt, soll sich dieser Gemeinschaft des Glaubens zugehörig fühlen und gerne wieder kommen – egal, wann.

Astrid Polzer ist seit 2010 Pfarrerin der Kirche Unterwegs in Bayern; davor war sie 16 Jahre lang Gemeindepfarrerin.

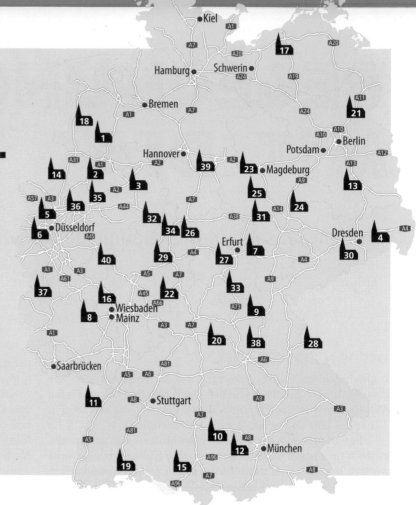

BEGEGNUNGEN MIT DIA

Mit dem Tansania-Koffer Neugierde wecken und Fremdheit überwinden

Simone Wustrack

DIE ENTWICKLUNG

Im Pädagogisch-Theologischen Institut der Evangelischen Kirche in Mitteldeutschland und der Evangelischen Landeskirche Anhalts entwickelte Pfarrerin Birgit Pötzsch, die seit 2010 in Tansania lebt und arbeitet, einen Materialkoffer.

Über viele Monate hinweg wurden Materialien zusammengestellt und Ideen ausgetauscht, bis der Koffer fertig gepackt werden konnte. Er enthält Materialien, um mit jungen Kindern im Alter von drei bis zehn Jahren in Kitas, Grundschulen oder Gemeinden eine Begegnung mit dem Leben in Tansania zu unterstützen. Dies liegt nahe, wenn in der Gemeinde, dem Kirchenkreis oder der Einrichtung freundschaftliche oder partnerschaftliche Beziehungen nach Tansania bestehen.

MIT DIA TANSANIA ENTDECKEN

Die fünfjährige Dia, die in Matema lebt und inzwischen zur Schule geht, ist die Hauptperson des Tansania-Koffers. Mit Dia können Kinder in Deutschland etwas über den Kindergarten, den Alltag in einem tansanischen Dorf, die Natur und Lebensgewohnheiten des Landes erfahren.

Dafür sind unterschiedliche Materialien vorhanden: Mit einem Bilderbuch, einem Film oder Bildkarten kann ein ganz normaler Tag in Dias Leben kennengelernt werden. Im Koffer finden sich Materialien aus dem Alltag tansanischer Kinder, verschiedene audiovisuelle Medien auf einer DVD sowie eine didaktische Handreichung für Ideen und Projekte in Kindertagesstätten und für Unterrichtseinheiten in der Grundschule. Alle Materialien und Medien regen zum Erzählen, Erforschen, Nach- und Mitmachen an und ermöglichen eine anschauliche und spielerische Einführung in die Lebenswelt von Dia.

Ein tansanisches Liederbuch lädt beispielsweise zum Mitsingen ein, ein Kochtopf zum Ausprobieren unterschiedlicher Rezepte, selbstgebautes Spielzeug zum Erstellen eigener Spielzeuge.

DAS EIGENE WAHRNEHMEN – NEUES ENTDECKEN

Indem Spiele und Geschichten, Gegenstände und deren Gebrauch im Alltag vorgestellt und ausprobiert werden, entsteht die Möglichkeit, an der Erlebnis- und Vorstellungswelt tansanischer Kinder teilzuhaben. So wird ein Perspektivwechsel ermöglicht, ein Verständnis für diese andere Lebenswelt angebahnt und der eigene Erfahrungshorizont erweitert.

Folgende Aspekte werden durch die Arbeit mit den Materialien und Medien des Koffers besonders unterstützt:

Empathie einüben: Wie leben und fühlen sich Kinder wie Dia in Tansania?

Das Eigene und das Fremde wahrnehmen: Wie leben wir? Was würden wir anderen über unser Leben erzählen?

Den Horizont erweitern: Es gibt viele Möglichkeiten, groß zu werden. Was haben wir gemeinsam, was ist unterschiedlich?

Kulturelle Vielfalt einordnen und wertschätzen: Das Kennenlernen der Andersartigkeit lässt die Angst vor Unbekanntem und Fremdem, die Kindern oft begegnet, unbegründet erscheinen.

Der Tansania-Koffer kann in Drübeck und Neudietendorf ausgeliehen werden. Bei Interesse melden Sie sich bitte bei Astrid Stein (Drübeck) unter Tel. 039452-94339 bzw. <astrid.stein@ekmd.de> oder bei Sabine Bentzien (Neudietendorf) unter Tel. 036202-21640 bzw. <sabine.bentzien@ekmd.de>.

Dr. Simone Wustrack ist Dozentin im Pädagogisch-Theologisches Institut der Evangelischen Kirche in Mitteldeutschland und der Evangelischen Landeskirche Anhalts in Drübeck.

Reisen, um zu helfen?
Als Fremde in Tansania

Birgit Pötzsch

Matema – Reisende und ihre Absichten

Die ersten weißen Reisenden hier im Süden Tansanias waren Forscher. Also Durchreisende, die ihre natur- und volkskundlichen Beschreibungen und Sammlungen vervollständigten und dann weiterzogen. Später kamen die Missionare, von Süden her mit Booten über den Nyassa-See. Sie waren gekommen, um zu bleiben und den Menschen den christlichen Glauben zu bringen. Sie gingen dabei umsichtig vor, versuchten, nahe bei den Menschen zu leben, erkundeten zunächst Kultur und Sprache. Kurz nach den Missionaren reisten die Kolonialherren an, die zuerst für das Deutsche Reich, später für Großbritannien neue lukrative Geldquellen erschließen wollten. Das waren wohl die unangenehmsten Reisenden, vor allem die deutsche Herrschaft war geprägt von rigider Ausbeutung und Gewalt.

Heute ist Tansania ein beliebtes Reiseziel für zahlende Touristen, aber die meisten besuchen den Norden, wo die Serengeti und der Kilimandscharo spektakuläre Bilder versprechen. Matema, unser kleines Dorf am See, gilt eher als »Geheimtipp«. Zum nächsten Flughafen fährt man mit dem Bus 5–6 Stunden und die Straße ist nicht durchgehend geteert. Aber diejenigen, die es bis hierher schaffen, sind begeistert. Der See ist klar und sauber, es gibt einen Sandstrand und Palmen sowie eine beeindruckende Kulisse aus steil abfallenden hohen Bergen. Und einen Markt, auf dem bunt gekleidete Frauen Tomaten, Bananen und Fische verkaufen. Also Afrika, wie es sein soll. »Es ist wunderschön hier und so ursprünglich«, hören wir häufig. →

Wo wir sind
und was wir wollen

Wir leben also seit drei Jahren in einem Urlaubs-
paradies, eine Reise ist das demnach nicht mehr.
Ich arbeite im Auftrag des Leipziger Missionswerks
(LMW) als Dozentin an der Bibel- und Handwerkerschule der Konde-Diözese, einer der 20 Luthe-
rischen Landeskirchen in Tansania. Gemeinsam
mit Harald Bollermann, meinem MAP (»mitaus-
reisender Partner«), wohne ich in einem Häuschen
im Dorf, das etwa eine Stunde entfernt ist von der
nächsten Kleinstadt mit Post und Bankauto. Was
wollen wir überhaupt hier? Ist das noch eine Reise?
Oder sind wir jetzt hier zuhause? Und wenn nicht,
warum nicht?

Wir sind keine Auswanderer, mein Vertrag ist auf
vier Jahre befristet. Trotzdem war »Ihr seid aber
mutig«, wohl der häufigste Kommentar, als wir Kolleginnen und Kollegen, Freunden und unseren Kindern von unserem Plan erzählten. Meistens hatte
der Satz einen gewissen Unterton in Richtung »Ihr
seid wohl bescheuert«. Tansania – das klingt nach
Schlangen und Schlimmerem. Man kann sich vielleicht drei Wochen im Hotel vorstellen – aber vier
Jahre?

Warum gibt man eine Traumstelle am Pädagogisch-Theologischen Institut in Drübeck auf, lässt
Freundinnen und Freunde, Kinder und die ersten
Enkel zurück, kündigt die Wohnung und verschenkt
die Waschmaschine – um sich mit Sack und Pack
aufzumachen ins Ungewisse? Sind wir Gerufene
wie Abraham, der immerhin auch alles stehen – und
liegenlassen hat? Oder sind wir den einschlägigen
Motiven von Reisenden gefolgt – der Lust, Fremdes
zu entdecken und womöglich sich selbst als ganz
Andere?

Reisen, um zu »helfen«?

Es gibt viele »expats« in Tansania, Ausländer meist
weißer Hautfarbe, die wie wir für einige Jahre in
Tansania leben und arbeiten. Sie sind Mitarbeitende
von NGOs (Nichtregierungsorganisationen), staatli-
chen Entwicklungshilfeeinrichtungen, Kirchen u. a.
Die meisten sind hier, um etwas zu verändern, aufzubauen, zu verbessern – kurz: um zu helfen. Sie
arbeiten für das Gesundheitssystem, die Wasser-
versorgung, die Ausbildung von AIDS-Waisen, die
Ausstattung von Schulen, Frauenprojekte u. v. m. Es
gibt viele gut durchdachte, sinnvolle, erfolgreiche
Projekte mit beachtlichen Ergebnissen. Und auch
viel Schaumschlägerei.

Von Freundinnen und Bekannten werde ich immer mal gefragt, welches Projekt ich angefangen
habe und ob ich kein Geld dafür brauche. Es scheint
eine Art Reflex zu sein, wenn viele Landsleute bei
dem Wort »Afrika« sofort an »Helfen« denken. Ich
habe aber gar nicht vor, zu »helfen« und in meiner
LMW-Dienstanweisung steht auch nichts Derarti-
ges. Ich reagiere sogar misstrauisch auf die vielen
weißen Zeitgenossen, die genau das im Sinn haben.
Krankenschwestern, die ihren Jahresurlaub nutzen, um in einem afrikanischen Krankenhaus mal
richtig aufzuräumen, Jugendgruppen, die anrücken,
um eine tansanische Schule zu renovieren, abenteu-
erlustige Jungunternehmer, die höchstselbst eine
Computeranlage überbringen und dafür viele Kilometer im Land zurücklegen. Oder auf einer ganz
normalen Pauschalreise ein paar Tüten Kulis und
Karnevalsbonbons mitführen, falls sie arme Kinder
treffen. Oft ist das fast kabarettreif und die Frage
stellt sich: Wer hilft hier wem? »Hilfe ist die Son-
nenseite der Kontrolle«, wer helfen kann, darf sich
überlegen fühlen. Und »weiß« oft besser als die Objekte der Hilfe, was diese brauchen. Diese Art Hilfe
scheint eine Form von Herablassung zu sein, außerdem zeigt sich, dass Geschenke und Veränderungen oft nur so lange halten, wie die Protagonisten
in Sichtweite sind. Ich glaube nicht, dass wir hier
etwas ändern können, was die Leute selber nicht
ändern wollen. Oder dass Afrika pauschal und unbedingt unsere Hilfe braucht. Ich sehe nicht, dass
das, was wir unter Hilfe verstehen, tatsächlich immer hilft. Auch nicht das Geld, das oft unaufgefor-
dert, in schwindelerregender Menge und an unabgesprochene Zwecke gebunden, hierhergeschickt wird.
Grundlage nachhaltiger Hilfe ist ein Vertrauensver-
hältnis, das das offene Aushandeln des tatsächlichen
Bedarfs und die erwünschten Beiträge der Partner
ermöglicht. Aber es ist mühsam, das aufzubauen.

Es ist ja immer einfacher, zu sagen, was man
nicht will. Wenn sie schon nicht helfen will, was will
sie denn dann?!

Und das ist unsere Missionarin!

Meine offizielle Stellenbezeichnung lautet »Dozentin an der Bibel- und Handwerkerschule«. Oft werde
ich von meinem tansanischen Chef vorgestellt mit
den Worten: »Und das ist Pfarrerin Birgitta, unsere
Missionarin!« Das erste Mal habe ich ein bisschen
gezuckt. Was? Ich? Nach und nach aber finde ich Gefallen an der Sache.

Es ist heute nicht mehr nötig, den Heiden die
gute Nachricht zu bringen, auf dass sie Christen

werden. Das haben die Berliner Missionare, die vor rund 125 Jahren auf dem Wasserweg hierherkamen, gründlich und kompetent erledigt. Heute, wo die weltweite Gemeinschaft von Christinnen und Christen zumindest strukturell Wirklichkeit geworden ist, braucht es vor allem Leute, die sich auf das Gespräch mit Christen anderer Kulturen verstehen. Die übersetzen können, was die Menschen an den verschiedenen Orten der Welt jeweils bewegt, wie sie sich und ihr Leben verstehen, was und wie sie glauben auf dem Hintergrund der unterschiedlichen Erfahrungen und kulturellen Bedingungen. Eine Missionarin ist dann eine, die das Gespräch sucht, es in Gang hält oder (wieder) ermöglicht. Und so, im Sinne des Leitsatzes »Mission als Dialog«, verstehe ich meine Arbeit, mein Hier-Sein.

Ich versuche, im Gespräch zu sein, zu fragen und mich befragen lassen. In der Schule unterrichte ich Altes Testament und Religionspädagogik. Ganz sicher habe ich einen anderen Unterrichtsansatz und folge einer anderen Hermeneutik als die Kollegen. Ziel ist nicht, meine Ansichten, meine Prägung hier zu etablieren, sondern den Studierenden zu zeigen, dass es mehrere Möglichkeiten gibt, zu glauben, zu lehren, zu verstehen, nicht nur die gewohnte und kulturell verortete. Und selber andere Möglichkeiten kennenzulernen.

Zuhause in Tansania?

Wir wohnen in unmittelbarer Nähe zu tansanischen Nachbarn in einem Häuschen, das durch unseren Geschmack und unsere Bedürfnisse geprägt ist. Ab und zu setze ich mich zu den Frauen, ich habe das traditionelle Mattenflechten gelernt, erfahre den neuesten Klatsch und setze mich mit meinen ulkigen Fragen ihrem fröhlichen Gelächter aus. Ich habe mich kleidungsmäßig ziemlich weit angepasst – schon weil inzwischen meine deutschen Sommerkleider verschlissen sind. Ja, wir sind in Matema zuhause. Und auch wieder nicht.

Denn zugleich sind wir Fremde im Land und das bleiben wir wohl auch. Schon die Hautfarbe verhindert, dass wir vergessen, wer wir sind. »Mzungu« (Weißer), rufen uns Kinder und oft auch Erwachsene auf Schritt und Tritt nach.

Der Alltag ist von vielen Traditionen bestimmt, an denen wir uns nicht beteiligen wollen oder können. So ist zum Beispiel die Anwesenheit bei den vielen Beerdigungen für alle verpflichtend, die zur Dorfgemeinschaft gehören. Es spielt dabei keine Rolle, ob man den Verstorbenen kannte oder gar mochte. Und da müssen wir uns outen: Wir gehö-

ren eben nicht dazu, jedenfalls nicht bis in die letzte Konsequenz. Man sitzt bei Beerdigungen stundenlang mit ausgestreckten Beinen auf dem Boden, das halte ich gar nicht aus. Man unterhält sich in der Lokalsprache, die ich nicht verstehe, und wartet sehr lange auf den Beginn des Gottesdienstes. Und das oft mehrmals in einer Woche.

Es gibt noch einen anderen zentralen Grund dafür, dass wir bei allem Bemühen um Mitleben im Alltag Fremde bleiben: Mein Gehalt ist höher als das aller 16 Angestellten der Bibelschule zusammen. Man kann sich das ein bisschen zurechtlegen. Aber die Größe des Unterschieds kann man weder rechtfertigen noch wegreden. Wir haben uns entschieden, einfach zu leben, die anderen sind dazu gezwungen, und zwar immer am Rande des Existenzminimums. Wenn wir Fisch essen möchten, dann kaufen wir uns einen, während die Nachbarin abwägen muss, ob sie entweder Fisch oder Schulhefte kauft. Diese Kluft bildet den Hintergrund der weltweit ungerecht verteilten Güter und Lebenschancen ab, und prägt hier im Land unser Lebensgefühl. So was überspringt man nicht mit Freundlichkeit und Alberei.

Was denn nun?

Auf Kiswahili ist mgeni ein Fremder oder ein Gast. Das Sprichwort »Gäste sind ein Segen« wird gern zitiert. Wir dürfen uns also willkommen fühlen. Aber wer eine Grenze überschreitet, ist nun einmal fremd. Und wir haben das ganze Programm der Grenzkategorien überschritten: Kultur, Sprache, Rasse, Religion, Territorium. Da müssen wir uns nicht wundern. Aber nur, wer sich dem Fremdsein aussetzt, lernt und verändert sich. So einfach und so kompliziert ist das.

Birgit Pötzsch ist Dozentin an der Evangelisten- und Handwerkerschule in Matema, Tansania.

FRAUEN REISEN ...

Erst in meinen letzten Berufsjahren habe ich das Reisen als eine nachhaltige Form der Gemeindearbeit für mich – und für andere – entdeckt.

Entstanden war der Wunsch in unserer Gruppe der »Frohnauer Frauen«, die sich einmal im Monat zu offenen Bildungsangeboten trifft. Und schnell war uns klar: es kann sich nur um eine Frauenreise handeln.

Drei Mal waren wir inzwischen in der Türkei: auf den Spuren des Apostels Paulus: von Antiocha am Orontes bis nach Tarsus und Myra – dann in Kappadokien, und, ganz »exotisch«, im vergangenen Jahr in Ostanatolien, am Ararat und im ehemaligen Armenien.

Immer gab es einen festen »Kern«, doch stießen jedes Mal auch neue – und mir bis dahin unbekannte – Frauen zu uns. Verheiratete Frauen und Witwen, Alleinlebende und Familienfrauen im Alter zwischen 50 und 85 Jahren, Akademikerinnen und solche, die das gerade nicht waren, Pensionärinnen und aktiv im Beruf Stehende.

Und jedes Mal staunte ich neu über die wunderbare Gemeinschaft. Nie erlebte ich eine Cliquenbildung – bei jedem Halt unseres Busses wanderten wir in anderer Konstellation zu dem, was uns gezeigt wurde. Bei jeder Mahlzeit saßen wir mit anderen am Tisch. Und immer, wirklich immer, war die Stimmung ausgeglichen und wie selbstverständlich gut.

In Ostanatolien, fern aller Touristen-Ströme, begegneten wir an fast jedem neuen Ziel einer französischen Studiosus-Reisegruppe. Irgendwann sprachen sie uns an, weil ihnen unsere stets fröhlichen Gesichter aufgefallen waren.

Zuhause, in der Gemeinde, trafen wir uns dann wieder, und manche fanden dann sogar erst den Weg zu uns: im Besuchsdienstkreis und beim Abwasch während des großen Weihnachtsmarktes, im Gottesdienst oder bei anderen Gelegenheiten: in bleibend guter und schöner schwesterlicher Verbundenheit.

Die ganz kurzen morgendlichen Andachten im Bus, das gemeinsame Singen, all das war uns auf unseren Reisen neben den zahllosen kulturellen Highlights so vertraut geworden, dass ich es sogar wage, von einer »geistlichen Gemeinschaft auf Zeit« zu sprechen, die uns, und dafür sind wir alle dankbar, durch das ganze Jahr hindurch trägt.

Doris Gräb, Pfarrerin (Ev. Kirchengemeinde Frohnau, 13465 Berlin)

Reif für die Insel

Wind zerzaust das Haar. Die Luft schmeckt salzig. Leichter Dieselgeruch schleicht in die Nasen. Möwen begleiten uns mit lautem Geschrei. Zurück bleibt der Alltag, die Arbeit in unseren Gemeinden und Schulen. Die kurze Fährreise nach Spiekeroog entführt uns in eine ganz andere Welt. Das Meer zwischen Insel und Festland ist eine Grenze, hinter der wir ganz neue (Lern-)Erfahrungen sammeln werden. Wir sind unterwegs zur traditionellen Inselwerkstatt für die Konfirmandenarbeit.

Fünf Tage zusammen, eine Gemeinschaft auf Zeit – gemeinsam essen, feiern, lernen, diskutieren, disputieren, erforschen. »Spiritualität in der Konfirmandenzeit«, »Bibliolog erfahren und lernen«, oder in diesem Jahr: »Erlebnispädagogik meets Religionspädagogik« – das sind Themen, mit denen wir uns beschäftigen und die wir auf ganz vielfältige Weise erschließen. Hier ist ein Miteinander, ein Lernen möglich, das so in Berlin oder in einer Tagungsstätte nahe unserer Berufsfelder fast undenkbar ist. Zu nahe ist hier der Alltag, kleine und auch große Aufgaben werden in die Woche mitgenommen, lenken ab. Und manchem Teilnehmer fällt plötzlich ein, dass das heimische Kaninchen noch unbedingt seine Lieblingskarotte bekommen muss. Mal eben kurz hinfahren.

Das ist auf unserer Insel nicht möglich. Dafür sorgt allein schon das Meer. Und so schaffen es die Menschen auch viel leichter, sich ganz auf diese Insel und die Werkstatt einzulassen. Die vielen täglichen Herausforderungen bleiben hinter uns. Gerade das Miteinander von den Reizen der Insel, dem gemeinsamen Wohnen und Essen, dem vielfältigen Lernen sowie dem gemeinsamen Beten und Singen – es ist das Gesamtpaket, das eine solche Reise wertvoll macht. Und beliebt. So wundert es auch nicht, dass diese Reisen immer innerhalb weniger Tage ausgebucht sind. Und das trotz Unterkünften auf sehr einfachem Niveau. Es ist eine Oase, eine Insel, die vieles zugleich möglich macht: Ruhe und Lust machende Anregungen für uns selbst und unseren Beruf. Was will man mehr?

Matthias Röhm

Matthias Röhm, Studienleiter für religiöse Bildung im Jugendalter und Konfirmandenarbeit im Amt für kirchliche Dienste in der Evangelischen Kirche Berlin-Brandenburg-schlesische Oberlausitz (EKBO), Berlin, sowie Mitglied der Redaktion der Zeitschrift Praxis Gemeindepädagogik

»Großes Kino« – virtuelles Reisen zu den großen Kultur-Events der Welt

Für große Opern- und Ballett-Aufführungen oder Konzerte musste man bislang live vor Ort in den großen Opernhäusern, Konzertsälen und Bühnen der Welt sein und dafür selbst dorthin reisen. Das ist aufwändig, teuer und zeitintensiv.

Inzwischen gibt es auch Alternativen: In großen Kinos wird live die Aufführung übertragen, ohne dass ich mich dafür extra auf eine große Reise begeben muss. Das ist zwar nicht das Gleiche, als wenn ich direkt vor Ort wäre und die knisternde Atmosphäre mit allen Poren aufsaugen und das Vibrieren der Musik eins zu eins im Zwerchfell spüren könnte. Auch der Rahmen, das Ambiente bleibt im Kino nur mit einer gewissen Distanz erfahrbar. Aber mir ist es möglich, kostengünstig und ohne großen Aufwand diese oder jene Inszenierung oder spezielle Events mitzuerleben. Gleichzeitig bietet mir die Technik die Möglichkeit zu ganz anderen Wahrnehmungen von Detail-Aufnahmen und Totalen, das Gefühl, ganz vorne oder mitten im Geschehen zu sitzen, oder die Chance, Backstage-Eindrücke zu gewinnen.

»Klassik im Kino«, oder wie auch immer diese Reihen heißen, ist also nicht besser oder schlechter, sondern einfach anders – eine Alternative, die mir Anderes ermöglicht beim gleichen Event. Ein neuer Markt! Manche große Kinos reagieren bereits mit der Neugestaltung von Sälen in »Deluxe«-Ausstattung mit großen, verstellbaren Kinosesseln mit Fußstütze, kleinen Beistelltischen und Bedienung am Platz. Sozusagen die »Business Class« unter den »Charterfliegern« …

Christine Ursel

Christine Ursel ist Dipl.-Religionspädagogin (FH), M. A. in Organisations- und Personalentwicklung sowie Fortbildungsreferentin beim Diakonischen Werk Bayern – Diakonie.Kolleg.

© Cory Weaver/Metropolitan Opera

Wie im Kloster ...

Im Winter und außerhalb der Ferienzeit fahre ich für eine Woche auf eine Nordseeinsel. Auf der Fähre an Deck bin ich die Einzige, aber auch unter Deck ist gähnende Leere. Beim Gang durch die Inselstraßen wird schnell deutlich, dass die Insulaner in den Winterschlaf versunken sind.

Viele Geschäfte haben geschlossen, an vielen Pensionen hängt ein Schild »Bis ca. Mitte März geschlossen«. Jeden Tag nach dem Frühstück mache ich mich auf den Weg, zu Fuß oder mit dem Fahrrad. Ich laufe stundenlang am Meer entlang, lasse mir den Wind um die Nase wehen, meine Augen schauen in die Weite. Ich kann die Seele so richtig baumeln lassen. Nur wenigen Menschen begegne ich. Nachmittags ein Kännchen Ostfriesentee, abends ein gutes Essen und ein Glas Wein. Der Fernseher in meinem Hotelzimmer interessiert mich nicht.

Vor dem Schlafengehen laufe ich noch einmal zum Leuchtturm. In Ruhe und Gleichmäßigkeit drehen sich die drei Strahlenpaare. Ein meditativer Anblick. Ich halte inne, bete das Vaterunser und bitte um Gottes Segen – mein abendliches Ritual auf der Insel. Auf meinen Spaziergängen singt es immer wieder in mir, eine Melodie steigt auf, die zum Gebet wird. Und Ebbe und Flut werden mir zum Sinnbild fürs Leben.

Auf der Fähre, während beim Zurückschauen die Insel immer kleiner wird und irgendwann aus dem Blickfeld verschwindet, breitet sich das Gefühl aus, dass die Urlaubszeit auf der Insel fast wie ein Aufenthalt im Kloster war.

Petra Müller

Petra Müller ist Diplom-Pädagogin für Theologie und Erwachsenenbildung und leitet die Fachstelle Alter der Nordkirche.

Horizont erweitern, Grenzen überschreiten, Unbekanntes entdecken

Reisen und Pilgern mit der Evangelischen Erwachsenenbildung

Ein Gespräch mit Antje Rösener

Sie haben in Ihrem Evangelischen Erwachsenenbildungswerk ein Arbeitsfeld Studienreisen und Exkursionen. Dort finden sich unter anderem Studien- und Begegnungsreisen in die Türkei, den Oman oder nach Jordanien, eine Pilgerreise nach Mallorca, aber auch Literaturreisen z. B. auf den Spuren von Thomas Mann in Lübeck. Inwiefern gehören Reiseangebote zu den Aufgaben einer Evangelischen Erwachsenenbildung?

Sie gehören nicht zu »den Aufgaben«. Das klingt mir zu staatstragend. Uns als Evangelischer Erwachsenenbildung liegt die politische und religiöse Bildung am Herzen. Und da müssen wir uns immer wieder neu mit der Frage auseinandersetzen: Wie können wir Menschen in ihrer knapp bemessenen Freizeit locken, ein Angebot Religiöser oder Politischer Bildung zu besuchen? Exkursion, Reisen, Radtouren, Pilgerangebote, Literaturreisen bieten vielfache Anknüpfungspunkte für religiöse und politische Bildungsprozesse. Deshalb gehören sie ins Programm.

Wer verreist denn über die Evangelische Erwachsenenbildung?

Generell erreichen wir – da unterscheiden wir uns fast gar nicht von den Kirchengemeinden oder auch den Volkshochschulen – die bildungsfernen Schichten kaum. Ansonsten kommt es auf das Angebot an. Im Sommer mache ich eine sehr günstige zweitägige Tour »Radpilgern am Niederrhein«. Wir übernachten in einer Jugendherberge, radeln eine Zeitlang im Schweigen, besuchen eine auf der Bibel basierende Lebensgemeinschaft und manches mehr. Die Tour ist sehr günstig. Da erreichen wir natürlich eine andere Klientel als bei einer Reise in den Oman. Die hat eher eine gut verdienende, reiselustige Single-Klientel angesprochen.

Seit wann haben Sie Reisen auch in entfernte Länder im Programm?

Ich denke, dass man sich als Einrichtung Evangelischer Erwachsenenbildung auch bei Reisen spezialisieren sollte. Sie müssen zum Profil der Einrichtung passen. Uns

ist der interreligiöse Dialog wichtig, also bieten wir Reisen an, die hier Lernerfahrungen ermöglichen. Oder wir machen jetzt viel zur Reformationsdekade und so gibt es auch hier entsprechende Angebote. Unsere Aufgabe ist wirklich nicht die, Reisen um des Reisens willens weltweit anzubieten. Sondern wir setzen inhaltliche Schwerpunkte in unseren Einrichtungen. Und neben Vorträgen oder Seminaren gibt es dann dazu eben auch Exkursionen und Reisen.

Welche Trends und Tendenzen stellen Sie insgesamt beim Thema Bildung durch Reisen im Laufe der Zeit fest?

Erst mal stelle ich fest, dass es gut ist, Reisen zu organisieren nach dem Motto: Weniger ist mehr. Die meisten professionellen Anbieter von Reisen packen die Programme viel zu voll. Die Guides, die einen dann durch das Land begleiten, bringen oft zu viele Infos, und wenn man nicht aufpasst, schleppen sie die Gruppe noch in unabgesprochene Verkaufsveranstaltungen.

Meine Aufgabe als pädagogische Reiseleiterin sehe ich vor allem darin, die Gruppe vor einem solchen Konsum tausenderlei Häppchen zu schützen. Mir ist ganz wichtig zu schauen, wo es irritierende, aufwühlende Erfahrungen gibt. Es muss Raum sein, diese zu besprechen, aufzugreifen, und sei es in einer Andacht oder einer schweigenden Pilgerwanderung. Denn hier beginnen Selbstbildungsprozesse, für die ich auf einer Reise Raum schaffen will.

Vermutlich gibt es ja zumindest teilweise ähnliche Reiseangebote wie bei Ihnen auch von kommerziellen Anbietern. Was ist denn der Mehrwert für die Teilnehmenden, wenn sie sich entscheiden, mit der Evangelischen Erwachsenenbildung zu verreisen?

Den Mehrwert sehe ich tatsächlich in diesem entschleunigten Reisen und der Erfahrung, dass wir uns immer wieder Raum verschaffen, das Erlebte in der Stille, im Singen und in der Auseinandersetzung mit einem Bibeltext vertiefend »im Herzen zu bewegen«. Wenn diese Möglichkeiten nicht dogmatisch stur und starr nach Plan durchgeführt werden, wächst auch eine besondere Art der Gemeinschaft. Ein Beispiel: Auf einer meiner Reisen fuhr ein Lehrer mit, der gewerkschaftlich organisiert und aktiv war. Überhaupt nicht kirchlich angebunden. Wir haben auf dieser Reise an den verschiedensten Stellen, in der Wüste, in Amphitheatern, in Hotelgärten gesungen und unsere einfachen Andachten gehalten. Es ist dann schnell so, dass die Gruppe mit überlegt: Wo könnten wir in diesem Hotel oder auf dieser Tour unser Morgengebet halten? Am letzten Tag – wir liefen gerade durch eine römische Anlage – kam er auf einmal auf mich zu und meinte: »Schau mal da hinten, da könnten wir doch wunderbar singen.« Er konnte all die Lieder gar nicht, die wir in den Tagen gesungen haben. Aber es hat ihm Eindruck gemacht, dass wir auch diese Möglichkeit des Miteinanders hatten, und am Ende hat er selbst mitgeholfen, dass wir dafür einen Ort fanden. Mitgesungen hat er bis zum Schluss nicht. →

Wir pilgern

2014

mit der Ev. Erwachsenenbildung in Westfalen und Lippe

*Antje Rösener ist Pfarrerin und stellver-
tretende Geschäftsführerin im Evangelischen Erwachsenenbildungswerk
Westfalen und Lippe e.V. in Dortmund.*

Weitere Informationen:
http://www.pilgern-im-pott.de/
http://www.ebwwest.de/

**Pilgern ist ja derzeit voll im Trend. Nicht nur auf
dem Jakobsweg nach Santiago de Compostela geht
es auf der Reise zu sich selbst – Sie bieten etwa
Pilgern im Ruhrpott an. Was reizt denn Menschen,
im Ruhrgebiet zu pilgern?**
Das müssen Sie anders sehen: Wir bieten »Pilgern im
Alltag« an. Denn wer hat schon Zeit und Geld, nach Santiago zu pilgern? Es ist aber eine sehr gute Erfahrung, für
einen Tag an einen Ort zu fahren, sich dort einer Gruppe
anzuschließen und mit ihr fünf oder sechs Stunden zu
laufen, zu schweigen, sich auszutauschen. Das sind auch
sehr günstige Angebote, denn Pilgern kostet nicht viel.
Außerdem wird die Umwelt geschont und unsere Seele
kann durchatmen, loslassen, auftanken. Und der Pott …
der ist nicht nur interessant, sondern an vielen Stellen
auch wunderschön …!

**Nun wurde ja christliches Pilgern früher, etwa
im Mittelalter, nicht primär als Bildungserleb-
nis, sondern als religiöse Erfahrung praktiziert.
Nicht zuletzt ging es um das Einlösen von durch
die katholische Kirche auferlegte Bußschulden
oder um das Verdienen bzw. Wiedererlangen der
Gnade Gottes. Knüpfen aktuelle Motive der Erwachsenenbildung, Pilgerreisen anzubieten, an
solche historischen Pilgermotive an? Inwiefern hat
der aktuelle Pilgertrend etwa mit der Sehnsucht
nach Erlösung bzw. Selbsterlösung des modernen
Menschen zu tun?**
Ach, das Stichwort mit der Selbsterlösung halte ich für
eine echte Theologendiskussion.

In allen Regionen dieser Erde und zu allen Zeiten haben Menschen Möglichkeiten gesucht, sich für Gott, für

seine Wärme und sein Wirken zu öffnen. Etwas anderes
ist das Pilgern auch nicht. Ein Versuch, sich zu öffnen
für Fragen, Themen, Impulse, die ich auf meiner Arbeit
nicht bekomme. Ein Versuch, Gott nachzuspüren, nicht
nur mit dem Kopf, sondern mit den Füßen und dem Herzen. Ich bin mir ziemlich sicher, dass Gott seine Freude
hat an diesen Menschen, die da alleine oder in geführ-
ten Pilgertouren durch die Lande ziehen und manchmal
selbst nicht wissen, was ihnen geschieht.

**Gibt es auch interreligiöse bzw. religiös plurale
Pilgerangebote, bei denen sich beispielsweise
evangelische und katholische Christen gemeinsam
mit Muslimen und Muslimas auf den Pilgerweg
machen?**
Also wir als Evangelische Erwachsenenbildung sehen unsere Aufgabe darin, Menschen zu qualifizieren, z. B. als
Pilgerbegleiter/innen. Das machen wir seit sechs Jahren.
Es kommen so auch engagierte Gemeindeglieder zu uns
und viele von denen bieten anschließend vor Ort Touren
an. Von Pilgertouren gemeinsam mit der katholischen
Nachbargemeinde habe ich schon öfter gehört. Von Kooperationen mit muslimischen Gemeinden noch nicht. Ich
denke, da müssten wir uns erst mal austauschen über
unsere unterschiedlichen Pilgertraditionen, bevor wir
uns gemeinsam auf einen Weg machen.

Aber wir hatten schon einen Pilgertag, an dem diese
Frage im Zentrum stand: Wie pilgern Christen, wie pilgern Muslime? Für die Zukunft halte ich das nicht für
ausgeschlossen. Aber eine solche Tour müsste gemeinsam und gleichberechtigt entwickelt werden.

Das Gespräch führte Matthias Spenn.

Reise nach innen, Reise nach außen

Eine Woche im Kloster

Petra Müller

Ich sitze gemütlich bei einer Tasse Tee auf der Couch, als mir der Gedanke kommt, dass ich gerne mal wieder eine Woche im Kloster verbringen würde. Ich befrage meinen Terminkalender. Im Herbst könnte ich einige Tage freischaufeln. Ich überlege nicht lange, sondern mache Nägel mit Köpfen und melde mich umgehend an. Vorfreude ist die schönste Freude.

Nach Monaten naht der Termin. Ich gebe zu, jetzt fällt es mir schwer, mich von den Aufgaben und Verpflichtungen loszureißen. Sollte ich vielleicht nicht doch absagen? Eigentlich habe ich gar keine Zeit für eine Auszeit, mein Kopf ist viel zu voll und der Stapel unerledigter Dinge ist hoch. Was ich alles machen könnte, wenn ich zuhause bliebe! Ich kenne diese Ausreden, diesen inneren Konflikt. Und deshalb packe ich dann doch meinen Koffer. Obwohl ich weiß, dass man während einer Zeit im Kloster nicht viel braucht, landet am Ende doch wieder zu viel in meinem Gepäck. Angefangen bei einem Stapel Büchen, den Briefen, die ich endlich einmal schreiben könnte, der Wanderkarte und vielem anderen.

Abgespannt mache ich mich auf den Weg. Auf dem »Berg«, dem Klosterberg, angekommen, bin ich noch sehr nach außen gerichtet. Ich sammle jeden Prospekt ein, informiere mich, schaue mich um und suche das Gespräch mit anderen. Mir kommen viele Ideen, was ich morgen alles machen könnte.

Am nächsten Morgen klingelt früh der Wecker. Soll ich wirklich zum Morgengebet gehen oder nicht doch weiterschlafen? Ich quäle mich aus dem Bett und ohne Kaffee in die Kirche. In der Stille merke ich, wie gut es ist, da zu sein, zu lauschen, zu singen und zu beten.

Nach dem Stundengebet drehe ich eine kleine Runde. Beim Frühstück sitze ich schweigend mit anderen Einzelgästen am Tisch. Ich gehe meinen Gedanken nach und erschrecke, was mir alles in den Sinn kommt. Obwohl ich im Schweigen bin, bin ich nicht zur Ruhe ge- →

kommen. Ich schaue mich um, ich urteile über Menschen und habe Sorge, nicht genügend Kaffee zu bekommen. Wird jemand vom Personal darauf achten, wenn die Kanne leer ist? Nach dem Frühstück weiß ich nicht so recht, was ich mit dem Tag anfangen soll. Meine Gefühlswelt bewegt sich zwischen Langeweile und einem Berg an Ideen, was ich alles machen könnte. Mir wird deutlich, dass es erst einmal wichtig ist, runterzukommen, den Weg vom Tun ins Sein zu finden. Ich gehe spazieren, mache keine große Tour mit gepacktem Rucksack, sondern nur einen kleinen Weg. Der Vormittag vergeht schnell. Beim Mittagsgebet bin ich mit der Haltung, mich von einem Wort, einem Lied beschenken zu lassen. Ich beginne, alle theologischen Überlegungen zur Seite zu rücken. Ich öffne mich. Und doch gehen meine Gedanken spazieren und ich wälze Probleme. Ich weiß, das ist »normal«, nein: Genau das ist die Übung und der Grund, warum ich auf dem Berg bin. Schnell wird es Abend. Der Tag schließt mit einem Eucharistiegottesdienst. Ich gehe zum Altar, ich halte die kleine Hostie in der Hand. Auf einmal bin ich tief berührt. Dankbar und zufrieden gehe ich ins Bett.

Am nächsten Tag bin ich sehr bei mir. Es scheint, als habe sich mein Alltag weit von mir entfernt. Ich lasse mich treiben, ich bewege ein Wort, ich summe ein Lied. Im Klosterladen finde ich ein Büchlein mit Impulsen, die mich ansprechen und über die ich auf meinen Wegen, in der Kirche und bei den Stundengebeten nachsinne. Es geht mir gut. Am liebsten würde ich noch länger hier bleiben, denke ich. Ein unnützer Gedanke, denn die Hälfte der Zeit habe ich noch vor mir. Es gilt sie auszukosten.

Am Tag darauf gehe ich meditativ durch das Labyrinth, das sich hinter dem Ordenshaus inmitten einer Obstwiese befindet. Der Weg mit den Biegungen und Wendungen führt mir vor Augen, dass die Wege des Lebens selten gradlinig sind. Den Rückweg kürze ich ab. Mir fehlt die Lust, noch einmal das ganze Labyrinth zu durchschreiten. Im Foyer des Gästehauses fällt mir ein Zettel in die Hände, auf dem Sätze zusammengestellt sind, die man beim Durchschreiten des Labyrinthes bedenken kann. Beim Lesen bleibe ich bei folgender Aussage hängen: »Der Weg nach außen braucht genauso viel Beachtung wie der Weg nach innen.« Im Labyrinth habe ich den Weg nach außen abgebrochen, ich war über die Abgrenzungen hinweggegangen, um schnell zum Ausgang zu gelangen. Wie handhabe ich das in meinem Leben, in meinem Alltag?, frage ich mich. Ich spüre sehr deutlich, dass die Aussage etwas mit mir zu tun hat. Sie lässt mich nicht los, sie hat mich getroffen. Sie ist in mich hineingefallen als etwas, was mich wandeln will. Die letzten beiden Tage betrachte ich nun als Rückweg, der mich von der Mitte, von innen, zurückführen will. Ich schaue zurück, resümiere und blicke auch schon auf zuhause. Rückblick und Ausblick finden Raum in der Feier der »Sonntagsbegrüßung«.

Mit dem Gottesdienst am Sonntag beende ich die Reise nach innen und den Rückweg nach außen und kehre gestärkt zurück in meinen Alltag.

Petra Müller ist Diplom-Pädagogin für Theologie und Erwachsenenbildung und leitet die Fachstelle Alter der Nordkirche. Seit vielen Jahren verbringt sie immer wieder Tage im Kloster.

WENN EINER EINE REISE TUT – WOHIN DANN MIT DEN FOTOS?

Ein Gespräch mit Micha Hofmann

Wie viele Fotos fallen denn so pro Jahr bei einem fotografierenden Jugendmitarbeiter an?
Bei Freizeiten und anderen Touren sind es im Zeitalter digitaler Fotografie so zwischen 150 und 600 je Veranstaltung. Auch zu »analogen Zeiten« kamen bei mir pro Tour vier bis fünf Filme, also bis zu 180 Dias zusammen. Pro Jahr sind es jetzt schnell mal um die 2000 bis 2500 Bilder, die es natürlich nicht alle zu archivieren gilt …

Und wie hoch ist der Anteil an Fotos, die es dauerhaft zu speichern lohnt?
Im Durchschnitt über den Daumen gepeilt maximal ein Drittel. Wobei ich nicht immer gleich alles entsorge.

Gibt es ein sinnvolles und praktikables System, mit einigermaßen beherrschbarem Aufwand die brauchbaren von den unbrauchbaren Fotos zu unterscheiden und sich dann auch von ihnen zu trennen?
Ich nehme als ersten Schritt eine Grobsichtung vor. Da werden bei einer Schnellbetrachtung die Bilder erst mal nur farblich markiert und im Nachgang in Ordner sortiert für »brauchbare Bilder«; »eventuell noch nutzbar, aber zweite Wahl« und »Schrott«. Letzteres wird dann in der Tat gleich gelöscht. Die »Eventualbilder« werden in einem Ordner beiseitegelegt und nur den Rest schaue ich mir dann noch mal genauer an und bearbeite ihn weiter. Meine Kriterien sind erst einmal ganz forma- →

ler Art: stimmt der gewünschte Bildausschnitt; können Menschen, die nicht mit dabei waren, überhaupt etwas mit der Bildaussage anfangen oder ist es nur eine Erinnerung für Eingeweihte; ist das Bild in der Qualität ausreichend und nicht unscharf usw. Ich mache gern Bilder, um über unsere Aktivitäten berichten zu können. Der Erinnerungsfaktor, bei dem manchmal ein unscharfes Bild nicht so schlimm ist, weil man ja emotional etwas mit der Ablichtung anfangen kann, spielt da nur eine untergeordnete Rolle. Von daher fliegt alles raus, was qualitativ schlecht ist, auch wenn es schwerfällt, weil es ggf. das einzige Bild von der jeweiligen Aktion ist.

Stellen Sie Fotos von einer Aktion oder einer Fahrt den Teilnehmenden hinterher zur Verfügung? Wenn ja – was ist dabei zu beachten?
Die Teilnehmer selbst können gern Bilder bekommen. Grundsätzlich wird hier aber miteinander vereinbart, dass sie zum persönlichen Gebrauch bestimmt sind. Veröffentlichungen sollten i. d. R. abgesprochen werden, damit ich im Vorfeld mit den abgebildeten Personen klären kann, ob ihnen das auch recht ist. Allerdings kann ich nicht immer allem nachkommen und weiß nicht mit Sicherheit, ob sich denn alle daran gehalten haben. Aber ich bin seit 20 Jahren damit nie auf die Nase gefallen – will sagen, es gab nie Beschwerden, Klagen oder Ärger mit Teilnehmern, die mit irgendetwas nicht einverstanden waren. Man sollte sicherlich das eigene Recht am Bild – sowohl des Fotografen als natürlich auch des Abgebildeten – im Blick behalten, aber sich dadurch auch nicht den Spaß am Fotografieren nehmen lassen …

Wie ist es mit der Verwendung in der Öffentlichkeit – auf der Internetseite, auf einem Werbeflyer oder im Gemeindeblatt der Kirchengemeinde?
Die grundsätzlichen Fragen des Rechtes am eigenen Bild sind gerade in der heutigen medialen Zeit zu beachten. Daher wäre es sicherlich gut, sich mit der Freizeitanmeldung auch die Bestätigung des Einverständnisses, fotografiert zu werden, schriftlich geben zu lassen. Wenn ich Bilder für Flyer oder Internet verwenden möchte, die Personen klar erkennbar zeigen, dann spreche ich das im Vorfeld mit denen ab. Hier habe ich noch nie eine Absage bekommen. Es ist nur ein kleiner zusätzlicher Schritt, der aber Sicherheit gibt.

Und wie finde ich meine Fotos wieder, wenn ich ein passendes suche für einen bestimmten thematischen Zusammenhang? Oder gar für ein Treffen ehemaliger Teilnehmer einer Freizeit nach zehn Jahren? Haben Sie dafür ein besonderes System oder gar Programm zum Speichern und Wiederauffinden?
Ich habe da nichts Spektakuläres, sondern mein System von den guten alten Dia-Kästen übernommen. Da hatte ich mir einfach im Computer Ordner angelegt mit jeweiligen Unterordnern der Aktionen – alles zeitlich sortiert. Dafür braucht es keine gesonderte Software. Also z. B. erster Ordner heißt »2012«, Unterordner sind dann beispielsweise »1202-Skifreizeit-Meransen«. Ein weitere Ordner in »2012« dann z. B. »1208-Kletterfreizeit-Dolomiten« usw. »1202« steht dann für 12 = Jahr und 02 = Monat Februar. So sortieren sich die Ordner automatisch.

Bei den Diakisten waren die Kistenbezeichnungen und die Dianummern eingetragen, die ich manuell aus dem Schrank holen musste. Jetzt sind eben einfach die Digitalbilder im jeweiligen Ordner. So hab ich recht übersichtlich – wenn alle Ordnerstränge angezeigt werden – die Jahre und darunter die durchgeführten Freizeiten auf einem Blick. Letztlich kann ich aber auch schnell über die Suchfunktion nach »Dolomiten« suchen und sehe, in welchem Ordner es steht und damit dann auch, wann das war. Sicherlich gibt es noch viele andere Systeme und auch spezielle Programme, aber ich bin mit meinem System immer ganz gut gefahren und habe schnell alles Gesuchte zur Hand.

Micha Hofmann ist Jugendreferent in Mühlhausen / Thüringen.

Das Gespräch führte Matthias Spenn.

Buchtipps für die gemeindepädagogische Praxis

Petra Müller

Was für ein interessantes und schön gestaltetes Buch dachte ich, als ich das Buch »**100 spirituelle Tankstellen – Reisen zu christlichen Zielen**« vor mir hatte. Beim Durchblättern bestätigte sich mein erster Eindruck. Nach einem vorgegebenen Raster werden auf jeweils zwei Seiten spirituelle Angebote unter verschiedenen örtlichen Aspekten vorgestellt: am Wasser, im Grünen, auf Kur, im Kloster, auf dem Weg, in der Kirche, auf der Rast, in der Ausstellung, auf dem Markt, in der Ferne. Die beiden Herausgeber **Karin Berkemann** und **Christian Antz** tragen 100 verschiede Beispiele zusammen: von Kirche bis Tourismus, von der Nordsee bis zum Bodensee, vom Pilgerweg bis zum Projekt Kinderorgel. Zu allen Initiativen und Orten sind Kontaktdaten angegeben. Dieses Buch macht richtig Lust, sich auf den Weg zu machen und die verschiedenen Orte zu besuchen. Es ist einmal ein ganz anderer »Klosterführer«, der viel weiter gefasst ist als die bisherigen Ausgaben.

Verlag Herder, Freiburg 2013, 256 Seiten gebunden, ISBN 978-3-451-31088-1, € 19,99

Einen besonders gelungenen Pilgerführer mit dem Titel »**Du findest den Weg nur, wenn du dich auf den Weg machst**« hat **Gabriele Martin** geschrieben. Sechs Jahre lang ging die Autorin mit einer festen Pilgergruppe den Weg, den die Ordensgründerin Maria Ward von Lüttich nach Rom gegangen war, um die Anerkennung ihres Ordens vom Papst zu bewirken. Sie berichtet von den Planungen und ihren Erfahrungen auf dem Weg mit der Pilgergruppe, aber auch aus der Geschichte des Pilgerns. Dabei werden Maria Ward und vor allem auch Ignatius von Loyola zu Weggefährten. Ignatius, nicht nur Pilger aufgrund seiner Pilgerreise nach Jerusalem, sondern vor allem aufgrund seiner Lebenshaltung: Pilger auf dem Weg des Wachsens und Reifens. Beim Lesen des Buchs, das unterhaltsam und witzig geschrieben ist, spürt man etwas von der Multiprofessionalität der Autorin, die nicht nur geistliche Begleiterin, Pilgerführerin und Ordensschwester ist, sondern auch Erlebnispädagogin und Outdoortrainerin.

Echter Verlag, Würzburg 2011, 160 Seiten kartoniert, ISBN 978-3-429-03401-6, € 12,80

Wer kennt und liebt es nicht: das Memoryspiel, das 1959 erstmals im Verlag Otto Maier Ravensburg erschienen ist und von dem mittlerweile mehr als 50 Millionen Spiele in 40 Ländern verkauft wurden. Von der **Neukirchener Verlagsgesellschaft** wurde das **Memo-Spiel »Wer suchet, der findet!**« herausgebracht. Zwei Worte, die zusammen

einen Sinn ergeben, bilden ein Wortpaar, wie z. B. Abend – Mahl, Kamel – Nadelöhr, Schatz – Acker, Vater – unser etc. Gesucht werden insgesamt 35 Wortpaare aus dem biblischen Kontext. Das Spiel von 4–99, wie es auf dem Spielemarkt so schön heißt, eignet sich für viele Gruppenangebote in der Kirchengemeinde: für die Arbeit mit Kindern, Jugendlichen und Konfirmanden, aber auch für die Arbeit mit älteren Menschen. Je nach Situation, Spielgruppe, Alter und Schwierigkeitsgrad kann man die Karten auswählen und selber zusammenstellen.

Neukirchener Verlagsgesellschaft, Neukirchen-Vluyn 2011, 70 Karten, ISBN 978-3-7615-5872-0, € 14,99

Bücher mit neuen Konzepten und Inhalten für die Arbeit mit Konfirmandinnen und Konfirmanden gibt es zahlreich. Vieles wurde in den vergangenen Jahren ausprobiert und erprobt. Obwohl ich selber schon lange nicht mehr in der Konfiarbeit tätig bin, machte mir das Buch »**Spaß an Konfirmandenarbeit**« von

Dieter Nicrmann viel Freude beim Lesen. Es ist spritzig und inspirierend geschrieben. Schon allein der Prolog, der vom »Langzeit-Experiment Ei« berichtet, lässt einen schmunzeln. Am liebsten hätte man dieses Experiment selber miterlebt. Mit ihm will der Autor, der Diakon, Sozialpädagoge und Erlebnispädagoge ist, auch deutlich machen, wie wichtig es ist, eingefahrene Wege zu verlassen und neuen Wegen Raum zu geben, um die Konfirmandenzeit aktiv, kreativ und jugendgemäß zu gestalten. 16 Projektbausteine umfasst das Buch. Dabei erfahre ich – ganz nebenbei – auch, dass in der Bremischen Evangelischen Kirche alles rund um die Konfirmandenzeit »Konfus« genannt wird.

Neukirchener Verlagsgesellschaft, Neukirchen-Vluyn 2011, 176 Seiten, kartoniert, ISBN 978-3-7615-6076-1, € 19,99

Sinn und Resonanz

Kirchliche Reiseangebote in einer sich verändernden Reisebranche

Christine Ursel

Reisen ist von jeher eine besondere Situation und ein durchaus risikoreiches Unterfangen: Märchen beschreiben Reisen als lebensentscheidende Entwicklungswege für Persönlichkeiten. Gefahren und Bedrohungen erwarten die Märchenhelden, die auf der (Lebens-)Reise Aufgaben zu lösen und Bewährungen zu bestehen haben.

Seit Jahrhunderten ist ein Reisender auf seinen Etappen unbehaust und ungeschützt. Aber auch im Quartier ist man selbst und das eigene Gepäck oft nicht sicher. Dass viele alte Gasthäuser biblische Bezüge im Namen haben und meist neben einer Kirche liegen, kann zeigen: Hier bin ich als Reisende und Reisender sicher (z. B. Grüner Baum, Goldenes Lamm). Der Name des Gasthauses und das Aushängeschild mit dem entsprechenden Symbol dienten gleichzeitig als vertrauensbildende Maßnahme und Marketingaktivität.

Reisen sind Unternehmungen, für die man in unserer Zeit gerne den Service eines **Reisebüros** in Anspruch nimmt. Dort gibt es die nötigen Informationen, eine Beratung und die Möglichkeit zur Buchung – das alles mit Sicherheit und der Gewissheit, bei dem Reisebüro »Ihres Vertrauens« mit dem eigenen Reisewunsch gut aufgehoben zu sein.

Seit Langem gehören Reisen auch zum **Angebot der Kirchen**, in der Regel sind dies Pauschalreisen. Ein Baptistenprediger war es, der die erste »Pauschalreise« überhaupt anbot. In Großbritannien ermöglichte der britische Verleger Thomas Cook bereits am 5. Juli 1841 die erste organisierte Zugreise für 500 Teilnehmer.[1]

Die kirchlichen Veranstalter stehen als solider Anbieter für Vertrauenswürdigkeit und Sicherheit: »Bei der Kirche bist du gut aufgehoben« – in allen Veranstaltungsformen.

Da ist die »klassische« Gemeindefreizeit auf der Ebene der **Parochie**, die die Pfarrerin/der Pfarrer leitet. Gemeindeglieder (meist mit hoher kirchlicher Bindung) nehmen daran gerne teil. Das Reiseziel ist oft nachrangig, das Erleben der Gemeinschaft ist ausschlaggebend für eine Teilnahme. In der Regel sind die Teilnehmenden untereinander bekannt. Wenn es eine gute Tradition in der Gemeinde dafür gibt und die Pfarrerin oder der Pfarrer als Integrationsfigur selbst Freude an diesem Format hat, findet diese Form der kirchlichen Reise durchaus ihre bleibende Nachfrage.

Auf **überparochialer Ebene**, z. B. in Dekanatsbezirken, werden ebenso Reisen angeboten, mit unterschiedlichem Erfolg. Studienreisen von Evangelischen Bildungswerken und Evangelischen Bildungszentren ermöglichen Reisen zu ausgesuchten Zielen mit hoher inhaltlicher Qualität als intensive Bildung und Begegnung an anderen Orten. Besonders naheliegend scheint dies bei Reisen, die speziell theologische Berührungspunkte haben, wie zu Orten der Kirchengeschichte (z. B. Lutherstätten), zu Kirchen und Klöstern, zu Orten mit biblischen Bezügen (z. B. Auf den Spuren des Paulus). Diese Standard-Themen reichen in der Regel nicht (mehr) aus, um genügend Anmeldungen zu erhalten. Dementsprechend wird das Angebot in Inhalt und Format – im Sinn von Qualität und Intensität statt Light-Version und Quantität – laufend modifiziert und erweitert. Das Phänomen, dass sich viele Menschen im Anmeldeverhal-

© tovovan – Fotolia.com

ten zunehmend später entscheiden und festlegen, ist für den Umgang mit Stornofristen eine Herausforderung.

Die **Reisebranche** hat sich in den letzten 15 Jahren deutlich verändert, besonders mit der zunehmenden Nutzung des Internets zu Recherche und Buchung. Nach der »E-Commerce-Revolution«, die zu einem Reisebüro-Sterben geführt hat, folgte die »Social-Media-Revolution«. Über Reiseanbieter, Hotels, deren Leistungen und Service wird öffentlich gesprochen und sie werden in Reiseportalen bewertet.[2]

Das Reisen ist ein riesiger **Markt**. So lag die Urlaubsreiseintensität im Jahr 2011 bei über 76 %. Dies ist der Anteil der Bevölkerung (70,3 Mio. Personen: 14+ Jahre, deutschsprachig, in Privathaushalten), der im Jahr mindestens eine Urlaubsreise (5 Tage und länger) macht.[3]

Kirchliche Anbieter sind Mitstreiter auf diesem Markt. Wie positioniere ich mich? Wodurch unterscheide ich mich von anderen Anbietern, um attraktiv und angenehm anders als alle anderen zu sein? Mit welchen Aushängeschildern kommuniziere ich welche Selbstaussage? Wie mache ich darauf aufmerksam?

Nach Michael E. Porter gibt es in der Unternehmensführung und damit auch im Marketing zwei grundlegende Strategien: Kostenführerschaft oder Differenzierung.

Kostenführerschaft: Ich biete das beste Preis-Leistungs-Verhältnis, mein Preis ist nicht zu unterbieten, weil mein Ziel die geringsten Kosten sind. Dafür tritt anderes in den Hintergrund.

Differenzierung: Ich biete ein spezielles Angebot, das sich von anderen deutlich unterscheidet, sei es vom Angebotszuschnitt, im Service oder in der Fokussierung auf ein spezielles Segment (Nische).

Verzichtet man auf eine klare Ausrichtung und bleibt im Mittelfeld der Mittelmäßigkeit, befindet man sich »stuck in the middle« (»gefangen in der Mitte«) – festgefahren ohne Wettbewerbsvorteil, jeweils die Nachteile vereinend.

Für kirchliche Anbieter wird die Kostenführerschaft nicht zu erreichen sein. Dafür gibt es genügend andere Mitbewerber, neben Busreisen-Anbietern auch die Discounter und Kaffeeröster, die ein zunehmendes Angebot an Reisen im Programm haben. Deren Ziele sind

marktgängig, das heißt, für eine große Zahl an potentiellen Kunden interessant. Der Ablauf ist durchorganisiert. Die angebotenen Reisezeiten sind festgelegt. Damit wird so eine Reise »von der Stange« besonders preislich attraktiv. Diese Reiseanbieter können kostengünstig Kontingente füllen, aufgrund der Menge beste Konditionen für Dienstleistungen verhandeln und Konzepte und Reisepläne vielfach verwenden.

Es bleibt der Weg der Differenzierung, die Unterscheidung von anderen Anbietern durch spezifische Angebote. Das kann auch in einer Fokussierung auf eine **Nische** münden, ein Programm-Biotop, das anderweitig wenig angeboten wird.

Das könnten sein: Reisen zu Zielen, die für die Massen zu unattraktiv oder schwer umsetzbar sind, Reisen, die einen spezifischen Mehrwert generieren, Reisen für besondere Zielgruppen, Reisen, die einen besonderen Service anbieten – z. B. gemeinsame Vor- und Nachbereitung, Reisen, bei denen interessante Personen als Reiseleitung/ Begleitung dabei sind, Reisen, die ein spirituelles Profil anbieten – z. B. Pilgern (auch schon differenziert nach z. B. Trau- →

erpilgern, Lebensmitte), Reisen, die interessante analoge Communities auf Zeit anbieten.

Interessant können **Kooperationen und Spezialisierungen** sein. Das Evangelische Bildungswerk Landshut e. V. hat z. B. ein »Reisewerk«[4] als eigene Organisation gegründet, in dem es als Reisevermittler (nicht als Reiseanbieter) auftritt. Auch für andere Bildungswerke können Reisen nach Wunsch entwickelt und durchgeführt werden, die wiederum für die Reisen des Reisewerks werben. Eine erfolgreiche Vernetzung![5]

Der Reisemarkt wird sich weiter verändern. So beschreibt das Zukunftsinstitut in seiner Studie »Travel Trends. Wie wir in Zukunft reisen werden«[6] die weitere Entwicklung. Als **Megatrends für die nächsten 30 bis 50 Jahre** werden dort formuliert: »Eine Gesellschaft in Bewegung, globaler und urbaner denn je, auf einer Reise zu sich selbst, begleitet vom digitalen Strom an Bits & Bytes, ausgestattet mit der Sehnsucht nach mehr Natur, das Ziel eines gesünderen Lebens vor Augen, in Erwartung eines hohen Alters, voll Weisheit und Kreativität, den weiblichen Prinzipien folgend.«

Zu den zentralen Thesen der Travel-Trends des Zukunftsinstituts gehören:

»Jede Dienstleistung, die dem Reisenden die Möglichkeit zur Entfaltung der eigenen Kreativität gibt, wird künftig zu den Gewinnern auf den Tourismusmärkten gehören.

Was für den einen eine Anreise ist, ist für den anderen Verbraucher Urlaub.

Reisen kann auch eine persönliche Fastenzeit sein, ein Entfernen von der tagtäglichen Informations- und Reizüberflutung und ein Zurück zum Ich.

Bonusprogramme und Budget sind kein Gegenteil von Luxus, sondern ermöglichen dem Touristen in jeder Hinsicht ein Plus an Komfort oder Erlebnis.

Konsumenten treibt die Sehnsucht nach dem Nichtalltäglichen, dem Unbekannten, mitunter auch dem Gefährlichen und Mysteriösen.

Nischen gewinnen an Macht, dabei existiert in den jeweiligen Subkulturen bereits eine Vielzahl an Angeboten und Ideen, die es zu entdecken und umzusetzen gilt.«

Das klingt für kirchliche Ohren nicht fremd: Kreative Spielräume für individuelle Bedürfnisse, eine »persönliche Fastenzeit« mit analogen Erfahrungen, die »Sehnsucht nach dem Nichtalltäglichen« – das Sakrale gegenüber dem Profanen … Da kann Kirche als »Subkultur« sicher mehr als gut mithalten.

Sinn und Resonanz

Zwei Begriffe wollen als Anregung dienen für die Gestaltung kirchlicher Angebote von Pauschalreisen. Beide werden zunehmend auch von kommerziellen Anbietern entdeckt und lukrativ genutzt. Umso mehr sollte Kirche sich des eigenen Profils bewusst sein und offensiv handeln.

Ein erstes: Zentral stehen im kirchlichen Rahmen **Sinnfragen**. Sie könnten nicht nur sektoral bei spezifischen spirituellen Themenreisen aufgenommen werden, sondern bewusst und erkennbar auch dimensional alle kirchlichen Reiseangebote durchziehen. Das Thema »SINN« lässt sich buchstabieren[7] – auch für sinnvolle Reiseangebote.

S wie Sinn:
an Sinnfragen orientiert, Anbieten von Deutemustern, Sinn entdecken

I wie Identität:
Persönlichkeit entfalten, sich selbst anders erleben, etwas Neues lernen

N wie Nähe:
Begegnung mit anderen, Gemeinschaftserlebnis, Eintauchen in andere Welten, Erfahrungen machen

N wie Navigation:
Orientierung finden, Ortskenntnis gewinnen, Hintergründe erkennen, geografische/theologische/historische/gesellschaftspolitische Information und Reflexion

Ein zweites: Der Jenaer Soziologe Hartmut Rosa beschäftigt sich mit **Resonanzerfahrungen** als Wegweiser für gelingendes Leben. »Wenn Menschen die Welt als antwortend, atmend, tragend, wohlwollend oder sogar gütig erscheint«, spricht er von Resonanz. Es geht um eine Berührung in der Tiefe und eine wechselseitige Antwort.[8] Er formuliert drei Felder, die in unserer Kultur zu Resonanz einladen: ästhetische Erfahrungen, die Natur und die Religion. »Resonanz-Oasen«[9] könnten Reisen in besonderer Weise sein. Für Anbieter von kirchlichen Reisen könnte das heißen, Reisen bewusst und gezielt als Sehnsuchtsräume für Resonanzerfahrungen zu gestalten. Und dafür hat Kirche als »Reisebüro des Vertrauens« und als Ermöglicherin von Resonanzerfahrungen eine Menge SINN-volles zu bieten.

Das klingt einladend: Sinn und Resonanz als vertrauensbildendes Aushängeschild am Gasthaus – auf der Reise durchs Leben und den Reisen im Leben mit all seinen Erfahrungs- und Entwicklungswegen …

Christine Ursel ist Dipl.-Religionspädagogin (FH), M. A. in Organisations- und Personalentwicklung sowie Fortbildungsreferentin beim Diakonischen Werk Bayern – Diakonie.Kolleg.

1 http://www.thomascook.info/unternehmen/geschichte/
2 http://www.youtube.com/watch?v=xmW_L79bRZA&
3 http://www.fur.de/fileadmin/user_upload/RA_2012/ITB2012/FUR_RA2012_Erste_Ergebnisse_web.pdf
4 http://www.ebwlandshut.de/reisewerk.php
5 http://www.ebwlandshut.de/pdf/reisewerk/Flyer_Reisen2014_1.1.pdf
6 http://www.zukunftsinstitut.de/verlag/studien_detail.php?nr=90
7 Vgl. http://www.diakonie-bayern.de/aktuelles/diakonie-macht-sinn-jahresthema-20132014.html
8 http://www.taz.de/!91407/
9 http://www.kirchentag2013.de/presse/dokumente/dateien/VHVO_013_1878.pdf

Landschaftsökologe Dr. Christian Baumgartner
ist auf Entwicklung, Umsetzung und
Monitoring von Nachhaltigem Tourismus
und Nachhaltiger Regionalentwicklung
spezialisiert und hat zahlreiche konkrete
Tourismusentwicklungsprojekte in Europa, vor
allem auch in Südosteuropa, und Südostasien
begleitet. Seit 2005 ist er Generalsekretär
der Naturfreunde International.

»Nachhaltiger Tourismus ist nicht marketingtauglich ...«

Interview mit Christian Baumgartner zum Nachhaltigen Reisen

Herr Dr. Baumgartner, nachhaltig Reisen – ist das nur ein Marketingtrick in Zeiten vielfältiger Nachhaltigkeitsentwürfe oder tatsächlich ein sinnvolles Konzept?
Natürlich ist Nachhaltiger Tourismus ein sinnvolles Konzept – das einzige, das langfristig den Tourismus wirtschaftlich sichern, aber auch Natur und Kultur erhalten kann. Genau das sind die Kernpunkte des Nachhaltigen Tourismus. Das heißt aber nicht, dass der Begriff nicht verwässert, falsch verwendet oder auch als reines Marketing verwendet wird. Ich denke ja, dass Nachhaltiger Tourismus nicht marketingtauglich ist. Aber die Inhalte – Gesundheit, Umwelt, Natur, Begegnung, regionales Essen etc. – die sind sehr wohl marketingtauglich. Wichtig ist, dass Reisende wie Tourismuswirtschaft sich klar darüber sind, was Nachhaltiger Tourismus wirklich bedeutet.

Und was bedeutet er?
Erhalt der Natur und der traditionellen Kulturlandschaft; ökologische Performance der Tourismusbetriebe, dazu gehören Energieversorgung, Energiesparen, Wassersparen, Abwasser, Abfall- und Lärmvermeidung ...; Bevorzugung langsamer, klimafreundlicher Anreise- und Mobilitätsmittel vor Ort: Bahn, Bus, Rad, zu Fuß – wenn unbedingt Fliegen nötig ist, dann zumindest CO_2-kompensieren; weniger oft reisen, dafür länger bleiben; Erhaltung selbstbestimmter kultureller Dynamik, d. h. Nutzen regionaler Kultur, ohne sie zu musealisieren; Nutzung regionaler Ressourcen, um lokale Wertschöpfung zu erzielen – landwirtschaftliche Produkte, Handwerk, Dienstleistungen, Angestellte; gute Arbeitsbedingungen für die Angestellten mit fairen Löhnen, verträglichen Arbeitszeiten, Unterkunft, Weiterbildungsmöglichkeiten ...; Partizipation der Bevölkerung an touristischen Entscheidungen, entsprechende politische Rahmenbedingungen auf allen Ebenen, und zwar lokal, regional, national, europäisch und international; Förderpolitik etc.

Was sind aktuelle Tendenzen im Konzept des nachhaltigen Reisens?
Es gibt keine ›aktuellen Tendenzen‹. Ich würde sagen, dass es eine Schere gibt: Die Gruppe der Menschen, die Wert auf Qualität legen, die im Urlaub ›Echtes‹ bzw. ›Authentisches‹ erleben wollen, die Wert auf Umweltschutz und faire Arbeitsbedingungen legen, wird deutlich größer. Das sind die, die gerne nachhaltig reisen und solche Angebote suchen – selbst wenn sie den Be- →

Nachhaltige Angebote auf Erfolgskurs:
Gleich sieben »Reise-Oscars« konnten die Veranstalter des FORUM ANDERS REISEN am 6. März 2014 bei der Verleihung der Goldenen Palme in Berlin entgegennehmen. Zum 20. Mal vergab das Reisemagazin GEO SAISON die begehrten Trophäen und zeichnete damit besonders originelle Reiseangebote in drei unterschiedlichen Kategorien aus. Sieben der insgesamt 11 Auszeichnungen ging in diesem Jahr an nachhaltig arbeitende Unternehmen aus dem Verband für nachhaltigen Tourismus.

griff des Nachhaltigen Tourismus nicht kennen. Andererseits wird die Gruppe derer, die auch im Urlaub nur auf den Preis sehen (müssen), größer. Das heißt nicht, dass Nachhaltiger Tourismus teurer sein muss als konventionelle Angebote. Aber gerade die massentouristischen Ziele an den Meeresküsten können durch Billigessen und Sozialdumping bei den Angestellten relativ einfach extrem günstige, d. h. zu niedrige Preise anbieten.

Wenn ich mich nun für nachhaltiges Reisen entschieden habe, welche Qualität der Reise kann ich erwarten?
Ganz sicher mehr und ›echte‹ Erlebnisse, Horizonterweiterung durch Kennenlernen von Neuem, mehr Entspannung durch Entschleunigung.

Wo liegen die Kritikpunkte beim Massentourismus?
Menschenmassen überfordern sowohl die Natur als auch die Bewohner der Urlaubsdestination. Überall dort, wo etwas zu viel und zu intensiv durchgeführt wird, kommt es zwangsläufig zu Schäden. Auch die Infrastruktur ist dann völlig überdimensioniert und oft auf nur wenige Wochen im Jahr ausgerichtet.

Wenn Massen reisen und quasi die Bewohner der Destination überrollen, gibt es keine Möglichkeiten zum Kennenlernen oder kulturellen Austausch.

Wenn fast das gesamte Einkommen einer Region sich auf den Tourismus bezieht, ist die Region auch viel krisenanfälliger, z. B. durch Naturkatastrophen oder Terroranschläge, als wenn das Einkommen auf mehrere Standbeine verteilt ist.

Was bedeutet es denn nun praktisch, wenn ich eine nachhaltige Reise buche?
Es ist sinnvoll, sich sehr gut vorzubereiten: Reiseführer lesen, vor allem bei Fernreisen; sich an die Sitten und Gebräuche anpassen und diese respektieren. Man sollte, wenn möglich, weniger oft verreisen, dafür länger bleiben, besser mit Bahn und Bus als mit Flugzeug oder Auto. Wenn geflogen werden muss, sollten die CO_2-Emissionen kompensiert werden. Das geht, indem man einen Klimaschutzbeitrag zahlt, den z. B. atmosfair dazu verwendet, erneuerbare Energien in Entwicklungsländern auszubauen (www.atmosfair.de). Beim Buchen im Reisebüro sollte man versuchen, möglichst viele Informationen

zu bekommen – wenn die nicht bekannt sind, die Angestellten bitten, nachzufragen, z. B. nach den Arbeitsbedingungen in der Unterkunft, vor allem bei Fernreisen ist das empfehlenswert. Kleinere Hotels im Besitz von Ortsansässigen sind prinzipiell zu bevorzugen; wenn es geht, sollte man eine Unterkunft mit Umweltzeichen nehmen. Und natürlich auf die Region einlassen, z. B. auf regionales Essen oder die Sprache: Ein paar Worte in der lokalen Sprache lernen, um ein Gespräch mit Einheimischen zu beginnen, ist sinnvoll – danach geht's schon mit Händen, Füßen und allen Sprachen, die möglich sind, weiter.

Bei uns kann man im Übrigen ›Reisen mit Respekt‹ – Tipps für respektvolles Reisen bestellen, auf www.nf-int.org/reisen-mit-respekt direkt downloaden oder per Post ein gedrucktes Exemplar bestellen … und lesen!

Nachhaltiges Reisen ist sicher mit entsprechend arbeitenden Anbietern möglich. Sind die zertifiziert oder wie kann ich erkennen, dass sie wirklich das anbieten, was ich mir erhoffe?
Es gibt im deutschsprachigen Raum (D/A/CH) nur die Zertifizierung TourCert, und mit etwas weniger Qualität TravelLife, die Reiseveranstalter auszeichnet, die sich über Umweltmaßnahmen hinaus einem Nachhaltigem Tourismus verschrieben haben. Leider sind in Österreich nur wenige Veranstalter zertifiziert.

Generell sind die Mitglieder des »Forums Anders Reisen« sehr zu empfehlen (www.forumandersreisen.de).

Sind Ihnen Bemühungen christlicher Reiseveranstalter und Organisationen bekannt, Nachhaltigkeit im Blick zu behalten?
Die Caritas in Oberösterreich hat einen quasi Ableger als Reiseveranstalter, der sehr bemüht ist: Weltanschauen mit dem Gründer Christoph Mülleder (www.weltanschauen.at).

Organisationen, keine Reiseveranstalter, aus dem kirchlichen Bereich, die sich mit Tourismus beschäftigen gibt es mehrere: TourismWatch (als Teil von Brot für die Welt – Evangelischer Entwicklungsdienst) in Berlin sowie AKTE (Arbeitskreis Tourismus und Entwicklung) in Basel.

Die Fragen stellte Sophie Koenig.

Letztes Jahr im Oktober jährte sich das bedeutendste Treffen der Wandervogel-Jugendbewegung auf dem Hohen Meißner bei Kassel zum hundertsten Mal. Ist alles Geschichte oder kann der Wandervogel noch heute Anregung sein für sein zentrales Element, das Wandern? Zunächst etwas Grundsätzliches: »Wir sind geborene Wanderer. Zwei Millionen Jahre lang zogen die Menschen als Nomaden durch die Welt. Gehen und Tragen waren die Grundkonstanten ihrer Existenz« (Grober 2006, 161). Wandern muss also nicht erst erlernt werden. Ein paar Gedanken zu einer bewussteren Art des Reisens.

»Ein Wandervogel bin ich auch«

Wie die Jugendbewegung zum Wandern kam

Alexandra Schick

Wandern als Aufbruch

Der Alltag und seine Verpflichtungen halten uns gefangen. »Jeder Aufbruch ist – mehr oder weniger radikal – ein Ausstieg auf Zeit aus der normalen Lebenswelt, ihren Gewohnheiten und ihrem standardisierten Verhalten. Der Abstand von der Normalität macht den Blick und den Kopf frei. Neue Perspektiven entstehen« (Grober 2006, 311 f.). Entscheidend ist, dass man losgeht und seinen Weg frei bestimmen kann. Durch den äußeren Aufbruch kann ein innerer entstehen.

Wandern als Naturerleben

Viele Freizeit-Angebote bedienen sich der Natur lediglich als ›Event-Kulisse‹. Beim Wandern kann die Natur als Gegenüber erlebt werden. Wandern ohne besonderes Zusatzprogramm ist einfaches Reisen und lenkt den Blick sowohl auf die kleinen Dinge als auch auf großartige Ausblicke. »Das ist ein Geheimnis des Wanderns: Die langsame Annäherung an eine Landschaft macht sie uns schrittweise vertraut. Es ist wie mit den regelmäßigen Treffen, die eine Freundschaft vertiefen« (Gros 2010, 43 f.). →

Je länger und häufiger man unterwegs ist, desto mehr wird man wahrnehmen. Einfachheit sollte sich ebenso in der Ausrüstung niederschlagen. Dazu Ulrich Grober, Journalist und Wanderer:

»Alle Erfahrung spricht für einen sorgfältigen Minimalismus. Gemeint ist eine alte, schlichte Weisheit. ›Packt euren Rucksack leicht! Zieht euch leicht und schön an‹, so formulierten sie die Berliner Wandervögel vor dem Ersten Weltkrieg. ... Alles weglassen, was verzichtbar ist. Aber auch alles mitnehmen, was für das Gelingen einer Wanderung unverzichtbar ist. Die Bewertung ist natürlich subjektiv.« (Grober 2006, 35)

Wandern als Gemeinschafts- und Selbsterleben

Wandern kann ein sehr starkes, auch spirituelles Gemeinschaftserlebnis werden. Miteinander unterwegs sein, einander unterstützten, den Weg und das Ziel finden. Doch manchmal ist es genauso wichtig, sich alleine aufzumachen und die innere Zwiesprache zuzulassen. Um ein Problem zu lösen, neue Erkenntnisse und die Gelassenheit (wieder) zu gewinnen. Friedrich Nietzsche wusste: »Trau keinem Gedanken, der im Sitzen kommt!« Körperliche Bewegung kann gleichzeitig den Geist bewegen.

Der Wandervogel und das Wandern

»Ein Wandervogel bin ich auch, mich trägt ein frischer Lebenshauch«, singt der Wandergeselle in einem Lied, das wahrscheinlich eine kleine Gruppe von Gymnasiasten in Berlin-Steglitz inspirierte (Roquette 1914, 6). Sie wurden die ersten »Wandervögel« und Namensgeber der Jugendbewegung an der Schwelle vom 19. ins 20. Jahrhundert.

Um es gleich vorwegzusagen: *Den* Wandervogel gab es nicht. Vom Volkstanz über Vegetarismus bis hin zur Freikörperkultur, von freigeistiger oder nationaler bis christlicher Weltanschauung entwickelten sich unter politischem und gesellschaftlichem Einfluss während der 30-jährigen Blütezeit verschiedenste Ausprägungen. Anfangs wanderten nur Jungen. Der erste offizielle Mädchenbund wurde 1905 gegründet (vgl. Stambolis 2013, 39). Wenngleich diese männerdominierte Bewegung viele positive Impulse setzte, wirkten im Wandervogel neben harmlosen Idealisten und talentierten Gruppenleitern auch Persönlichkeiten, die fragwürdige Ansichten vertraten. Im Folgenden soll das Wandern betrachtet werden, das allen Wandervögeln gemeinsam war.

Wandern als Flucht und Befreiung

Was veranlasste die bürgerliche Jugend zu wandern? Wandern war in der Gesellschaft des 19. Jahrhunderts eher unüblich. ›Der Bürger‹ begab sich also nicht auf Schusters Rappen, sondern fuhr elegant in der Kutsche und später im Automobil. Wandern war etwas für Gesellen auf der Walz oder für Arme, die es sich nicht besser leisten konnten.

Das Wandern war eine Flucht der bürgerlichen Jugend und sie galt den biedermeierlichen Konventionen, den Regeln und der Etikette, die sich u. a. in der Kleiderordnung und steifen Umgangsformen äußerten. Sie sorgten immer wieder für Grundsatzdiskussionen unter den jungen Menschen. »Wie weit durfte man in den Zugeständnissen an die bürgerliche Welt gehen, ohne die eigene Sache dem Chaos preiszugeben und zur Wirkungslosigkeit zu verdammen?« (Wilhelm 1963, 7). Man war auf der Suche nach einer ehrlichen und natürlichen Umgangsweise miteinander. Wo konnte man sich besser orientieren als in der Natur, in der ein gespreiztes Verhalten eher lächerlich wirkt und ein unkompliziertes Handeln gefordert ist? Hans Blüher, ein Wandervogel der ersten Stunde, schrieb:

»Es war eine Jugend, die zu Wochentagen an sauberen Tischen aß und der man nichts ansehen konnte, die dann an nebligen Festen durch braune Heiden und sandige Landschaften strich in wilder Kleidung, bepackt und zerzaust, nicht wiederzuerkennen, die zu nächtigen Zeiten an Feuern lag und zueinander redete von niegesagten[sic!] Dingen voller Zorn, Verdrossenheit, Über- und Schwermut.« (Blüher 1963, 34)

Damit verbunden war die Flucht der bürgerlichen Jugend vor Drill in der Schule. Der ideologisch und pädagogisch heute allerdings sehr umstrittene Reformpädagoge Gustav Wyneken illustrierte 1913 in einem Vortrag, wie die Jugend Schule erlebte:

»Sie war abgesperrt von der Öffentlichkeit, eingesperrt in die Schule und dort geflissentlich mit einer welt- und lebensfremden Arbeit beschäftigt. Sie hatte dort eine lediglich passive Rolle zu spielen, und es wäre weder schief noch übertrieben ausgedrückt, wenn man die Schule als eine Art von Gefängnis bezeichnen würde.« (Wyneken 1963, 118)

In einer Zeit, in der die schwedische Lehrerin Ellen Key ›das Jahrhundert des Kindes‹ postulierte, in der Frauen anfingen, aktiv um ihre gesellschaftlichen Rechte zu kämpfen, organisierte die Jugend ihren Widerstand und fand ihren Freiraum im unbeaufsichtigten Wandern. Der ideale, weil unbeobachtete Raum, um ein Eigenleben zu entwickeln, war die Natur.

Bei den Wandertouren galt es, für sich selbst zu sorgen. Es hieß auch, Verantwortung für die Gruppe zu übernehmen. Die Älteren für die Jüngeren. Aber vor allem stand die Freiheit, das eigene Tun im Vordergrund – ohne kontrollierende Erwachsene. »… der Wandervogel traf eben in seinem Kern das romantische Gefühlsleben der Jugend, und da ging alles wie von selbst, es zuckte in ihr auf und sie strömte in Scharen zusammen in die wildeste Natur« (Blüher 1963, 48). Die Gruppe war ein ›nicht-pädagogisierter‹ Raum. Allerdings waren in den konfessionellen Gruppen erwachsene Leiter maßgeblich an deren Gestaltung beteiligt, was von den freien Wandervogel-Gruppen argwöhnisch betrachtet wurde.

Wandern als Gemeinschaftserlebnis und zur Selbsterziehung

Die wichtigste Motivation für das Wandern in der Gruppe, das entscheidende Bindeglied, war das Erleben von Gemeinschaft, wie man sie sonst nicht kannte. Frank Fischer, ein im Ersten Weltkrieg gefallener Wandervogel, beschreibt dies so:

»Das Wandern hat für uns zwei Seiten, nach außen und innen eine, gleich schwer und gleich reizvoll und verlockend beide. Es heißt, eine zufällige Gemeinschaft von Älteren und Jüngeren schonend und fest in eine Einheit zu verschmelzen, die gemeinsam mit dem Leben draußen fertig wird. Und es heißt, aus dieser Einheit heraus und mit ihr fühlend, ein Lebensbild der durchwanderten Welt zu gestalten, die Eindrücke und Wechselfälle einzelner Tage in der Erinnerung zu festen Werten zusammenzuschließen.« (Fischer 1963a, 80)

Ausdruck des gemeinsamen Fühlens und Erlebens war das Singen. Die Wandervögel hatten dafür eigene Liederbücher, das bekannteste war der »Zupfgeigenhansl«. Viele Dokumente lassen erkennen, dass die Selbstbestimmung der Jugend einen wichtigen Wert darstellte. »Den Ausgangspunkt bildet die uneingeschränkte Überzeugtheit, es sei gut und notwendig, daß Jugend sich selbst erziehe« (Wilhelm 1963, 25). Im Wandern erweiterte sich der Erfahrungshorizont und es bestand die Freiheit, →

die eigene Identität zu finden oder wenigstens zu suchen. Doch neben dem intensiven Gemeinschaftsleben sollte man mit sich alleine zurechtkommen. Im »Epilog eines Wandervogelführers« schreibt Frank Fischer: »Du hast gelernt, mit Kameraden zu marschieren, zu singen und die tagesbunte Welt zu sehen. Lerne nun, allein zu wandern und zu träumen, den dunklen Zauber des Raumes und der Weite zu greifen« (Fischer 1963b, 82).

Wandern als Naturerleben und Weg zur Einfachheit

Neben allem Aus- und Aufbruch war die Natur ein Raum, der auch als Wert an sich wahrgenommen wurde. »Aus grauer Städte Mauern ziehn' wir durch Wald und Feld«, heißt es in einem bis heute bekannten Lied der Wandervogelbewegung. Die Stadt erschien als lauter, schmutziger Moloch und weckte Sehnsucht nach der unberührten Natur. Es ging um das Erleben von Landschaft, Flora und Fauna. Stures ‚Kilometerfressen‘ war verpönt.

Die städtische Bürgerjugend erkannte, dass es Zeit war, sich auf die Werte eines einfachen Lebensstils zu besinnen. Allein schon die Kleidung war für damalige Zeiten revolutionär: Heraus aus allem Einengenden. Schlichte Kittel und kurze Hosen für die jungen Männer, korsettfreie »Reformkleider« für die Mädchen. Dazu grobe Wanderstiefel, das Nötigste im Rucksack. Die Gemeinschaftsverpflegung wurde über dem Feuer im »Hordentopf« gekocht. Ob die Ernährung immer so gesund war, kann vielleicht bezweifelt werden. Ein Bespiel für die kulinarischen Genüsse: »Reis mit unreifen Äpfeln, wo der Reis unten im Topf zu Kohle verbrennt und oben in der lauwarmen Brühe bloß gerade naß geworden ist« (Blüher 1963, 55). Man schlief auf seinen Touren im Heu in Scheunen oder unter Zeltbahnen im Freien.

Die Schlichtheit der alltäglichen Dinge wurde zum Glaubenssatz. Aber es gab auch undogmatischere Haltungen. »Wir sträuben uns auch ein wenig gegen fanatische Reformer, als Kurzhösler, Rohköstler und Limonadler, denen Nützlich und Gesund ein Netz von geregelten Pflichten spannen: das Leben ist eben nicht bloß ein hygienischer Sport«, betont Frank Fischer 1909 (Fischer 1963a, 81).

Neben vielen Beweggründen, welche die Jugend zum Wandern brachten, bleibt der Eindruck von Freiheit und Naturverbundenheit. Blickt man auf den Wandervogel, so möchte man mit Ulrich Grober fragen: »Lassen sich aus dem kulturellen Erbe Funken schlagen für eine – sagen wir mal – Rucksackrevolution?« (Grober 2006, 11) In Zeiten, in denen Entschleunigung nottut, könnte Wandern zur ›Slow-Travelling-Bewegung‹ werden. Letztlich ist Wandern eine Lebenskunst und doch braucht es dafür nicht viel. Wagen wir einen Aufbruch hin zu mehr Geh-Zeit, Einfachheit und Erleben.

Alexandra Schick ist an der Universität Passau Koordinatorin für Hochschuldidaktik. Sie läuft, wandert und ist grundsätzlich gerne zu Fuß unterwegs.

Literaturverzeichnis

Blüher, Hans (1963): Geschichte des Wandervogels. Auszugsweise Wiedergabe aus dem ersten Band. In: Kindt, Werner (Hg.): Grundschriften der deutschen Jugendbewegung. 1. Aufl. Düsseldorf/Köln: Eugen Diederichs-Vlg., 33–62.

Fischer, Frank (1963a): Unser Wandern. In: Kindt, Werner (Hg.): Grundschriften der deutschen Jugendbewegung. 1. Aufl. Düsseldorf/Köln: Eugen Diederichs-Vlg., 79–82.

Fischer, Frank (1963b): Wandern ein Traum. Epilog eines Wandervogelführers. In: Kindt, Werner (Hg.): Grundschriften der deutschen Jugendbewegung. 1. Aufl. Düsseldorf/Köln: Eugen Diederichs-Vlg., 82–83.

Grober, Ulrich (2006): Vom Wandern. Neue Wege zu einer alten Kunst. 2. Aufl. Frankfurt am Main: Zweitausendeins.

Gros, Frédéric (2010): Unterwegs. Eine kleine Philosophie des Gehens. 1. Aufl. München: Riemann.

Roquette, Otto (1914): Ihr Wandervögel in der Luft (Gedicht). In: Fischer, Frank (Hg.): Wandervogel-Liederbuch. Herausgegeben für den Wandervogel e.V. Leipzig: Friedrich Hofmeister.

Stambolis, Barbara (2013): Autonomie und Selbstbestimmung: der Wandervogel vor dem Ersten Weltkrieg. In: Stambolis, Barbara; Großmann, Georg Ulrich (Hg.): Aufbruch der Jugend. Deutsche Jugendbewegung zwischen Selbstbestimmung und Verführung [Ausstellung im Germanischen Nationalmuseum, Nürnberg, 26. September bis 19. Januar 2014]. Nürnberg: Germanisches Nationalmuseum, 36–42.

Wilhelm, Theodor (1963): Der geschichtliche Ort der deutschen Jugendbewegung. In: Kindt, Werner (Hg.): Grundschriften der deutschen Jugendbewegung. 1. Aufl. Düsseldorf/Köln: Eugen Diederichs-Vlg., 7–29.

Wyneken, Gustav (1963): Was ist »Jugendkultur«? Öffentlicher Vortrag, gehalten am 30. Oktober 1913 in der Pädagogischen Abteilung der Münchner Freien Studentenschaft. In: Kindt, Werner (Hg.): Grundschriften der deutschen Jugendbewegung. 1. Aufl. Düsseldorf/Köln: Eugen Diederichs-Vlg., 116–128.

Besuch der Königin von Saba bei Salomo (Freskenzyklus im Chor von San Francesco in Arezzo; Piero della Francesca, 1452–1466)

VON ABRAHAM BIS ANS ENDE DER WELT

»REISEN« IM ALTEN TESTAMENT

Hannes Bezzel

»REISEN« IM ALTEN TESTAMENT?

»Reisen« kommen, streng genommen, im Alten Testament nicht vor. Das biblische Hebräisch und Aramäisch kennen kein Verb, das dem modernen deutschen »reisen« als Überbegriff für eine Fortbewegung von einem Ort zum anderen mit allen seinen Konnotationen entspräche. Ist man unterwegs, so »kommt man hinein« *(bw')* oder man »zieht hinaus« *(yṣ')*, man »geht hinunter« *(yrd)* oder »hinauf« *('lh)* oder »hinüber« *('br)*; wenn weniger die Richtung, sondern der Vorgang selbst im Blick ist, wird das Fortbewegungsmittel mit genannt: Man »fährt« oder »reitet« *(rkb)*, vor allem aber ist vom »Gehen« *(hlk)* die Rede – wenig verwunderlich, denn natürlich reist man zumeist auf Schusters Rappen. Am nächsten kommt das Hebräische der germanischen Ursprungsbedeutung des Wortes: Im Altsächsischen meinte *rīsan* »aufstehen, sich erheben« und von daher »aufbrechen«, wie im Englischen *to rise* (vgl. Pfeifer 82005, 1109), und dazu gibt es ein hebräisches Äquivalent: *škm*,

»sich früh aufmachen«, und in gewisser Weise *ns'*, was eigentlich »herausreißen« bedeutet, mit Blick auf (ungenannte aber mitgedachte) Zeltpflöcke aber auch für Aufbruch steht.

Dieser Überblick über das Wortfeld lässt bereits erahnen, dass eine »Reise« im Palästina des ersten vorchristlichen Jahrtausends eine mühselige Angelegenheit ist – man unternimmt sie nicht ohne Not.

Die Ausnahme, die die Regel bestätigt, steht in 1 Kön 10. Der legendäre Besuch der Königin von Saba bei Salomo mutet beinahe neuzeitlich an. Sie macht sich einzig aus Neugier – oder Interesse – auf den Weg, um Gerüchten, die ihr über die Weisheit des königlichen Kollegen zu Ohren gekommen sind, auf den Grund zu gehen. Mit anderen Worten: Sie unternimmt eine klassische Bildungsreise, die nicht ohne Erfolg bleibt (und nach der äthiopischen Überlieferung des Kebra Nagast auch nicht ohne Folgen, leitet sich doch nach dieser Schrift das dortige Kaiserhaus dynastisch von dieser kurzen Begegnung ab).

Armutsmigration und Familiennachzug – Die Reisen der Erzeltern

Handfestere Gründe für einen Ortswechsel bietet der Bereich der Erzelterngeschichten, auf deren nomadisch beschriebene Lebenswelt die Wendung vom Aufbruch als »Herausreißen« weist. Abraham schickt in Gen 24 seinen Knecht auf den Weg, um für Isaak eine Frau aus der alten Heimat einzuwerben, und bei deren, Rebekkas, Bruder Laban wird auch eine Generation später Jakobs Reise zur Hochzeitsreise. In Gen 29 trifft er seine Cousine Rahel und erlangt durch harte Arbeit ihre Hand, mit Rahels Schwester Lea als unerwünschter Dreingabe. Um die Geschichten von Jakob und Laban in Gen 29–31 herum liegt freilich ein Kranz aus Erzählungen, die das Motiv für Jakobs Aufbruch nicht in einer zweiten Brautwerbung nach dem Vorbild seines Vaters sehen (vgl. Gen 28,1–5 mit Gen 24), sondern im Konflikt mit dem Bruder Esau. Der, betrogen um sein Erstgeburtsrecht, möchte ihn töten (Gen 28,41–45) – Jakobs Reise wird zur Flucht. Das verbindet ihn mit Mose, der sich in Ex 2, nachdem er im Zorn einen ägyptischen Aufseher erschlagen hat, zunächst auf der Sinaihalbinsel, im Land Midian, verbirgt. Auch er lernt dort seine Frau, Zippora, kennen – und auch er kann in der Fremde Gras über seine Vergangenheit wachsen lassen.

Ein weiterer Reisegrund in der Welt der Erzeltern ist schlicht Hunger. Im Falle einer Hungersnot werden die Stammeltern zu Wirtschaftsflüchtlingen, die ihr Heil dort suchen, wo ausreichend Wasser und gute Böden eine landwirtschaftliche Überschussproduktion ermöglichen: in Ägypten. Der erhaltene Brief eines Grenzbeamten aus dem 12. Jh. v. Chr. belegt diese Praxis der von den Ägyptern *Šʼsw* (Schasu) genannten Kleinviehnomaden (vgl. Galling ³1979, 40 f.; Fritz 1996, 114–118). Entsprechend verhalten sich der literarische Abram und Sara nach Gen 12,10–20, und auch Isaak hat in Gen 26,1–3 vor, den gleichen Weg einzuschlagen, wie gleichermaßen auch die Familie Josefs, die ab Gen 41,56 mehrmals als Armutsmigranten die ägyptische Wohlstandszone aufsucht. Anders als dies bei Abram und Isaak der Fall war, scheint die Sippe Jakobs zunächst jedoch nicht an die Heimreise zu denken. Sie kommt schließlich komplett und den greisen Vater eingeschlossen im Rahmen eines großangelegten Familiennachzugs an den Nil, wo der seinerzeit (Gen 37) keineswegs freiwillig eingereiste Josef inzwischen zu Amt und Würden gekommen ist. Damit ist Israel in Ägypten und die Voraussetzung für eine der wirkmächtigsten »Reiseerzählungen« der Bibel gegeben: den Auszug, Exodus.

Gottes Volk und Gott selbst auf Wanderschaft – Erster und zweiter Exodus

Wie alle Geschichten des Alten Testaments, so verdankt auch die Erzählung von Israels Flucht und Wanderung aus der Sklaverei in Ägypten in das verheißene Land ihre heutige umfangreiche Gestalt – sie reicht von Ex 1 oder Ex 12 bis, je nachdem, Dtn 24; Jos 11,23; 21,45 oder 24,32 f. – der Arbeit zahlreicher Überarbeiter, die sie über mehrere Jahrhunderte hinweg immer wieder neu verstanden und in ihrem Sinne fortschrieben. Am Anfang mag eine Überlieferung gestanden haben, die im Sinne eines Ursprungsmythos (vgl. Bezzel 2011) erklären wollte, was die Identität von »uns«, Israel, begründete und ausmachte: »Wir«, Israel, sind die, die gemeinsam aus Ägypten auszogen – und ankamen (vgl. Kratz 2000, 294 f.). Jan Assmann nennt diesen in mehreren Kulturen begegnenden Gedanken von der Herkunft aus der Fremde das »Prinzip der Exterritorialität« (Assmann ⁷2013, 201). Später wird der Vertrag Gottes mit seinem Volk, der »Bund«, an einer Station auf dieser Reise lokalisiert, am Sinai (Ex 24). Damit ist deutlich: Auch wenn das Ziel der langen Wüstenwanderung das Land Kanaan ist, so ist doch die Gottesbeziehung Israels nicht an den Besitz dieses Gebiets gebunden. Die »Heiratsurkunde« (Aurelius 2003, 8) zwischen Gott und Israel liegt vielmehr in der »Weisung« vor, der Tora, und die kann man auch befolgen, wenn man, wie die literarischen Zeitgenossen Moses, noch nicht im Besitz des Landes ist oder wenn man, wie die mutmaßlichen Verfasser dieser Texte, nicht mehr über dieses verfügen kann – und sei es in der Verbannung in Babylon.

Gott teilt diese Wanderschaft mit seinem Volk. Nicht nur sein Bund wird unterwegs geschlossen, eine Linie der Überlieferung, die sogenannte »Priesterschrift«, hebt auch seine eigene Gegenwart auf der Reise hervor: Nach ihr wird das Heiligtum, der Tempel, am Sinai gebaut – als ein Zelt, das abgebrochen und wieder aufgeschlagen werden kann, das mitreist, das »Zelt der Begegnung« (bei Luther: »Stiftshütte«, Ex 25–40). Ist hier der Tempel selbst auf der Reise, so wird er durch die Zentralisationsgebote des Deuteronomiums zum Reiseziel. Während der ältere Festkalender in Ex 23,14–19 drei große Jahresfeste vorschreibt, die man sich wohl am jeweils lokalen Heiligtum vorzustellen hat, zieht das Deuteronomium sie auf den einen und einzigen legitimen Tempel in Jerusalem (Dtn 16).

Damit wird eine spezielle Form des Reisens begründet: die Wallfahrt nach Jerusalem (vgl. dazu die Wallfahrtspsalmen Ps 120–134). Ihr werden sich, so sagen es einige prophetische Texte voraus, dereinst, »in fernen Tagen«, sogar die Heiden anschließen (vgl. Jes 2,1–4; 60,3; Mi 4,1–3). Dieser Gedanke der Völkerwallfahrt zum Berg Zion gründet auch noch in anderer Hinsicht auf der Vorstellung vom Auszug. In Jer 16,14 f. wird ein zweiter, neuer Exodus für Israel angekündigt – und wenige Verse später, 16,19, wird diese Vision von der Heimkehr des zerstreuten Gottesvolkes zur Pilgerfahrt der bekehrten Fremdvölker.

Warum aber ist ein »zweiter Exodus« überhaupt nötig? In den Jahren 597 und 587 v. Chr. wird Jerusalem von den Babyloniern erobert, der Tempel zerstört, der König abgesetzt und ein Teil der Bevölkerung ins Zweistromland verschleppt, in die »babylonische Gefangenschaft«. Prophetische Theologie deutet dieses Geschick als göttliche Strafe und die Verbannung als ein »Zurück nach Ägypten« (Hos 8,13) – die erhoffte Heimkehr aus der Fremde kann so ebenfalls mit der rettenden Befreiungstat Gottes zur Zeit Moses verglichen werden.

Gott selbst erscheint in diesem Zusammenhang als Reisender. Im Buch Ezechiel sieht der Prophet, wie die »Herrlichkeit«, Gottes Präsenz, zuerst den Tempel und dann die Stadt verlässt (Ez 11,23). Jerusalem, so die Botschaft, konnte zerstört werden, weil es von Gott preisgegeben worden war. Er war, so diese Deutung, gewissermaßen nicht zuhause. Aber er kehrt wieder zurück – so weiß es Ez 43,2, und so weiß es Jes 40,3: In der Wüste soll für den Herrn eine Straße gebaut werden, auf der er selbst aus Babylon heimkehrt, um Jerusalem zu einer neuen, heilvollen Zukunft zu verhelfen.

DAS ENDE DER GOTTESFERNE

Gott selbst kann verreisen, Orte sich selbst und damit der Gottlosigkeit überlassen – diese Meinung wird im Verlauf des weiteren Nachdenkens, unter der Vorgabe, dass der Herr nicht nur ein, sondern der einzige Gott sei, im Alten Testament schließlich in Frage gestellt. Gibt es keinen Gott außer Gott, so ist auch kein Bereich seiner Schöpfung ohne ihn – selbst die Gegend, mit der er nach älterer Überzeugung (vgl. Ps 6,6) nichts zu tun hatte: die Unterwelt. Das weiß der Beter von Ps 139,7–12, und das erfährt Jona, als er auf seiner prophetischen Dienstreise vor seinem Auftraggeber zu fliehen versucht. Gott ist selbst im Totenreich (Ps 139,8), selbst im Bauch des Fisches gegenwärtig (Jon 2).

Die Botschaft ist eindeutig: Ob zuhause oder auf Reisen – Gottes Gegenwart begleitet mich. Dies gilt für die ganze Lebensreise und schließt auch deren Ziel ein, den Tod: »Führe ich gen Himmel, so bist du da; bettete ich mich bei den Toten, siehe, so bist du auch da.«

Literatur:

Aurelius, Erik (2003): Der Ursprung des Ersten Gebots, in: Zeitschrift für Theologie und Kirche 100, 1–21.

Assmann, Jan (⁷2013): Das kulturelle Gedächtnis. Schrift, Erinnerung und politische Identität in frühen Hochkulturen, München.

Bezzel, Hannes (2011): Migration als Ursprungsmythos, in: Kraft, Claudia / Tiefensee, Eberhard (Hg.), Religion und Migration. Frömmigkeitsformen und kulturelle Deutungssysteme auf Wanderschaft, Münster, 15–29; 178–180.

Fritz, Volkmar (1996): Die Entstehung Israels im 12. und 11. Jahrhundert v. Chr., Stuttgart u. a.

Galling, Kurt (³1979): Textbuch zur Geschichte Israels, Tübingen.

Kratz, Reinhard Gregor (2000): Die Komposition der erzählenden Bücher des Alten Testaments, Göttingen.

Pfeifer, Wolfgang u. a. (⁸2005): Etymologisches Wörterbuch des Deutschen, München.

Prof. Dr. Hannes Bezzel ist Juniorprofessor für Altes Testament an der Friedrich-Schiller-Universität Jena.

STÄTTEN DES FRÜHEN CHRISTENTUMS

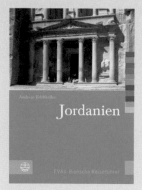

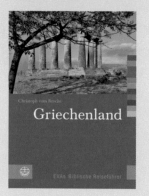

Andreas Feldtkeller
Jordanien
128 Seiten mit 92 Abb., Flexcover
ISBN 978-3-374-02462-9   EUR 12,80

Christoph vom Brocke
Griechenland
280 Seiten mit 223 Abb., Flexcover
ISBN 978-3-374-02463-6   EUR 16,80

Matthias Günther
Türkei – Westküste
224 Seiten mit 142 Abb., Flexcover
ISBN 978-3-374-02587-9   EUR 19,80

Klaus-Michael Bull
Türkei – Mittleres und
östliches Kleinasien
216 Seiten mit 80 Abb., Flexcover
ISBN 978-3-374-02610-4   EUR 19,80

2. Auflage
Februar 2014

Martin Rösel
Ägypten
312 Seiten mit 120 Abb., Flexcover
ISBN 978-3-374-02796-5   EUR 19,80

Andreas Feldtkeller
Syrien
176 Seiten mit 80 Abb., Flexcover
ISBN 978-3-374-02825-2   EUR 16,80

Peter Hischberg
Israel
352 Seiten mit 120 Abb., Flexcover
ISBN 978-3-374-02841-2   EUR 19,80

Die Biblischen Reiseführer sind die ideale Reiselektüre für kulturell und religiös interessierte Individual- oder Gruppenreisende. Reichhaltig bebildert und sachlich fundiert, geben sie Auskunft über biblische oder frühchristliche Spuren in den Reiseländern. Die Bände orientieren sich an beliebten Reiserouten und umfassen exkursartig auch touristisch interessante nicht-biblische Stätten der Regionen.

Mit praktischen Hinweisen für die Besichtigungen der Ausgrabungsstätten sowie mit Kartenmaterial versehen, sind diese Reiseführer eine Bereicherung für jede Reise.

EVANGELISCHE VERLAGSANSTALT
Leipzig   www.eva-leipzig.de

Bestell-Telefon 0341 7114116 · Fax 0341 7114150 · vertrieb@eva-leipzig.de

Statue des Apostel Paulus vor dem Petersdom (Vatikan)   Foto: AngMoKio - Wikimedia

PAULUS AUF REISEN

Exegetische Hintergründe zu einem bekannten Reisenden zur Zeit des Neuen Testaments

Christine Jacobi

Der Heidenmissionar Paulus ist nach seiner Berufung vor Damaskus (Apg 9,3–18; Gal 1) viel gereist. Ziel seiner Reisen waren die Städte des ägäischen Raumes, wo er unter Juden, Gottesfürchtigen und Heiden das Evangelium von Jesus Christus verkündigte. Lukas, der Verfasser der Apostelgeschichte, berichtet jeweils nur recht knapp von den Reiseerlebnissen. Wichtiger sind ihm die theologischen Aspekte dieser Reisen: das Wirken des göttlichen Geistes, das sich in der Ausbreitung des Christentums in Kleinasien und Griechenland manifestiert.

Mit der Apostelgeschichte haben wir daher einen Reisebericht ganz eigener Art vor uns, der bereits zu Beginn deutlich macht: Es geht um nichts weniger als um das Zeugnis Christi »in ganz Judäa und Samarien und bis an das Ende der Erde« (Apg 1,8)! Dieses Programm, das Jesus vor seiner Himmelfahrt seinen Jüngern offenbart, wird eigentlich durch *Paulus* umgesetzt, den pharisäischen Juden aus Tarsus und einstigen Verfolger der Christen.

DIE QUELLEN

Als Quellen des paulinischen Wirkens stehen uns die erhaltenen Briefe des Paulus und die Apostelgeschichte zur Verfügung. In mancher Hinsicht ergänzen sich beide Quellenbereiche, zum Teil widersprechen sie sich aber auch. Die Apostelgeschichte schildert eine idealtypische Ausbreitung des Christentums in der damals bekannten Welt.

Der Reisebericht des Verfassers der Apostelgeschichte ergeht sich dabei selten in ausschweifenden Beschreibungen über die Erlebnisse und Eindrücke der Protagonisten, auch finden wir keine Landschaftsbeschreibungen oder Schilderungen von Sehenswürdigkeiten.

Nicht die Reisen als solche stehen im Zentrum des lukanischen Interesses, sondern das theologische Anliegen zu erzählen, wie sich das Christuszeugnis unter den Heiden verbreiten konnte und wie der Geist Gottes dabei wirksam war. →

Aus den Angaben der Apostelgeschichte und aus dem, was die Briefe des Paulus als situationsbedingte Schreiben an Informationen bieten, lässt sich dennoch ein ungefähres Bild über die Reiserouten, die einzelnen Stationen und die Besonderheiten der besuchten Orte sowie eine Vorstellung über den jeweiligen Missionserfolg des Apostels und seiner Begleiter entwerfen.

Lukas, der Verfasser der Apostelgeschichte, besitzt z. T. genaue Kenntnisse über das politische und religiöse Profil derjenigen Ortschaften, die Paulus auf seinen Reisen besucht.

ÜBERBLICK ÜBER DAS WIRKEN DES PAULUS ALS HEIDENMISSIONAR

Über die »dunklen Jahre« nach der Berufung des Paulus und über sein erstes Wirken in der antiochenischen Gemeinde am Orontes, wo er zusammen mit Barnabas eine führende Rolle übernimmt, ist wenig bekannt. Wir erfahren aus dem Galaterbrief, dass Paulus nach Arabien und Kilikien gezogen und wieder nach Damaskus zurückgekehrt sei (Gal 1,17). Dass er erst drei Jahre später nach Jerusalem aufbrach und den christlichen Gemeinden in Judäa persönlich unbekannt blieb, betont Paulus, um seine Unabhängigkeit von den anderen Aposteln zu unterstreichen. Die Inhalte seiner Verkündigung und seine Missionsaufgabe stammen nicht von Menschen, sondern wurden Paulus unmittelbar von Christus offenbart.

Von solchen Konflikten, wie sie im Galaterbrief vorausgesetzt sind, berichtet die Apostelgeschichte nichts. Sie beschreibt vielmehr eine verhältnismäßig erfolgreiche Missionstätigkeit des Paulus und seiner Mitarbeiter auf drei größeren Reisen, die den Radius des paulinischen Wirkens im Mittelmeerraum sukzessive erweitern und die Botschaft von Jesus Christus in Städte und Kolonien tragen. Innerhalb eines Zeitraums von etwa zehn bis zwölf Jahren (ca. 47/48–59 n. Chr.) führen sie Paulus nach Zypern und Kleinasien (Apg 13–14), nach einem weiteren Jerusalemaufenthalt (Apg 15) nach Makedonien und in die Provinzen Achaia und Asia (Apg 16–18), wo sich Paulus schließlich länger in Ephesus aufhält (Apg 18). Von dort bricht er zu seiner letzten selbständigen Reise nach Jerusalem auf, um den Armen in der Jerusalemer Gemeinde eine von seinen Gemeinden gesammelte Kollekte zu überbringen und seine Missionstätigkeit anschließend nach Westen auszudehnen. Diese Pläne kann Paulus nicht mehr umsetzen: Folgt man den Schilderungen der Apostelgeschichte, wird ihm in Jerusalem die Entweihung des Tempels vorgeworfen, weil er einen Heiden in den inneren Tempelbereich geführt habe. Er wird angeklagt, verhaftet und in die Provinzhauptstadt Cäsarea, Amtssitz des römischen Statthalters von Judäa, überführt (Apg 21–23). Vor dem Statthalter Festus beruft sich Paulus auf den Kaiser – und wird nach Rom gebracht, wo er zwei Jahre inhaftiert ist (Apg 28), bevor er – so berichtet 1Clem 5 – den Märtyrertod erleidet.

Ob Paulus dort tatsächlich mit dem Tode bestraft wurde und warum, ist unbekannt. Als historisch gesichert kann jedoch gelten, dass er bereits auf seinen Reisen, mit denen er auf einer Gesamtstrecke von mehr als 20.000 km Länge im Imperium Romanum die Grundstrukturen einer neuen Glaubensgemeinschaft schuf, nicht selten in Lebensgefahr schwebte, inhaftiert und vom Tode bedroht war. Der Apostel muss fest von seiner Aufgabe überzeugt gewesen sein, noch vor der erwarteten Wiederkehr des Kyrios Jesus so viele Menschen wie möglich vom Glauben an das Heilshandeln Gottes in Christus zu gewinnen und damit ihre Rettung vorzubereiten. Die Gefahren und Entbehrungen, die einen Reisenden im 1. Jh. n. Chr. unabhängig von seinen Reisemotiven zu Land und zu Wasser erwarteten, hätte er sonst wohl kaum auf sich genommen. Hinzu kommt, dass sich Paulus mit seiner Botschaft an jedem Ort, den er bereiste, einem neuen Wagnis aussetzte: Wie würden die ortsansässigen Juden und Heiden auf ihn und seine Mission reagieren?

Die sogenannten Peristasenkataloge in seinen Briefen geben einen kleinen Einblick in die Bedrängnisse, in die Paulus während seiner Reisen geriet. Hier berichtet der Apostel nicht nur von Prügelstrafen, die er erdulden musste, sondern auch von natürlichen Strapazen während seiner Missionstätigkeit: »Bis auf diese Stunde leiden wir Hunger und Durst und Blöße und werden geschlagen und haben keine feste Bleibe« (1Kor 4,11). Und an anderer Stelle schreibt er: »Dreimal habe ich Schiffbruch erlitten, einen Tag und eine Nacht trieb ich auf dem tiefen Meer. Ich bin oft gereist. Ich bin in Gefahr gewesen durch Flüsse, in Gefahr unter Räubern, in Gefahr unter Juden, in Gefahr unter Heiden, in Gefahr in Städten, in Gefahr in Wüsten, in Gefahr auf dem Meer, in Gefahr unter falschen Brüdern, in Mühe und Arbeit, in viel Wachen, in Hunger und Durst, in viel Fasten, in Frost und Blöße« (2Kor 11,25–27).

Ein romantisches Bild vom umherziehenden Apostel, auf dessen Spuren man heute unter kundigen Reiseführern die Sehenswürdigkeiten Griechenlands und der Türkei besichtigen kann, entspricht daher sicher nicht der Wirklichkeit. Wie aber muss man sich das Reisen im 1. Jh. n. Chr. im ägäischen Raum vorstellen?

REISEN IN DER ANTIKE – EIN BLICK AUF DIE SOGENANNTE »ERSTE MISSIONSREISE« (APG 13–14)

Größere Reisen wurden nicht allein, sondern in Gruppen unternommen. Auch Paulus reiste, soweit bekannt, nie allein. Auf die erste Missionsreise nach Zypern, Pamphylien, Pisidien, Ikonion, Lystra und Derbe sandte die antiochenische Gemeinde Paulus in Begleitung von Barnabas und Johannes Markus, beide Judenchristen. Zu dritt ließ sich die Reiseausrüstung besser transportieren, konnte man Aufgaben teilen und Gefahren widerstehen. Auf den von den Römern ausgebauten Straßen informierten Meilensteine über die Entfernungen von Orten. Die Präsenz der Römer schützte außerdem vor Räubern. Die Route von Antiochia in Pisidien, Ikonion, Lystra bis nach Derbe, die Paulus und Barnabas nahmen, legt nahe, dass die Missionare die von den Römern bewachten Verkehrswege nutzten. Sie folgten vermutlich der Via Sebaste.

War man nicht im Besitz eines Wagens, mussten die Wege allerdings zu Fuß zurückgelegt werden, so dass man auf diese Weise nicht nur sehr langsam vorankam, sondern auch stark vom Wetter abhängig war. Weder bei extremer Hitze in den Sommermonaten noch im regnerischen Winter waren lange Fußmärsche möglich. Herbergen und Gasthäuser galten als gefährlich und schmutzig, so dass Reisende oftmals auf die Gastfreundschaft von Privatleuten und Freunden angewiesen waren (vgl. Phlm 22).

Auf Reisen trugen Paulus und seine Begleiter vermutlich Filzschuhe oder Sandalen, eine Tunika und ein Reisegewand aus Wollstoff, das auch als Decke benutzt werden konnte. Weitere Gewänder und Lebensmittel mussten mitgenommen werden, außerdem Geld, das man in einem Sack am Gürtel trug, Öllampen und ein Wanderstock. Die Wasservorräte konnten alle 10 bis 15 km an einer Wasserquelle oder an einem Brunnen aufgefüllt werden.

Während Fußmärsche auf dem Landweg viel Zeit benötigten, war das Reisen mit dem Schiff deutlich schneller. Für Paulus stellten die dichtbevölkerten Küstengebiete des Mittelmeerraumes ohnehin ein zentrales Missionsziel dar, so dass er wesentliche Abschnitte seiner Reisen mit dem Schiff zurücklegte. Aber Seereisen waren auch gefährlich. Man reiste mit Handelsschiffen und konnte in die Hände von Seeräubern, aber auch in Stürme geraten oder auf Riffe oder Untiefen stoßen. Paulus selbst entkam offenbar mehreren Schiffsunglücken, wie die zitierte Passage im 2. Korintherbrief zeigt, und auch die Apostelgeschichte berichtet von einem Seesturm, in den Paulus bei seiner Überführung nach Rom geriet und der die Schiffsleute zwang, die Ladung des Schiffes über Bord zu werfen (Apg 27).

Auf ihrer ersten Missionsreise nach Zypern und Kleinasien bewältigten Paulus, Barnabas und Johannes Markus einige Wegstationen mit einem Segelschiff vom Hafen in Seleukia aus. Von dort setzten sie nach Zypern über, das zu dieser Zeit eine senatorische Provinz im Zentrum des östlichen Mittelmeers und ein Stützpunkt wichtiger Handelsrouten war. Da Barnabas aus Zypern stammte, konnten die drei Gesandten der antiochenischen Gemeinde sicher auf ein Netz von Bekannten und Verwandten auf Zypern zurückgreifen. Sie durchreisten die Insel und gelangten bis nach Paphos an der Westküste.

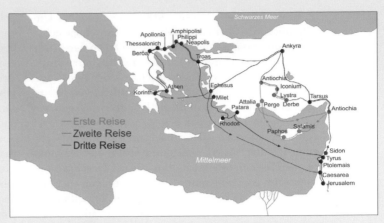

Missionsreisen des Paulus von Tarsus

Karte: Janz-Wikimedia

DIE REISEBERICHTE DES HISTORIKERS LUKAS

Aus dem Zusammenspiel des Berichtes, den Lukas in der Apostelgeschichte bietet, und archäologischen Überresten lässt sich an dieser Stelle etwas über die Arbeit des ersten christlichen Historikers herausfinden. Dem Ort Paphos kann der Verfasser der Apostelgeschichte eine Personallegende von der Bekehrung des Prokonsuls Sergius Paulus zuordnen (Apg 13,6–12). Ihr zufolge hörte der Statthalter Sergius Paulus von den Missionaren und verlangte, das Wort Gottes zu hören. Nachdem Paulus mit einem der wenigen neutestamentlich überlieferten Strafwunder den Zauberer Barjesus Elymas daran hindern konnte, Sergius Paulus von der Bekehrung abzuhalten, kam der Prokonsul zum Glauben. Interessant an dieser Überlieferung ist, dass verschiedene Inschriften aus dem 1. Jh. die Anwesenheit einer angesehenen Familie im pisidischen Antiochien bezeugen, zu der mehrere Sergii Pauli gehörten. Antiochia ist zugleich derjenige Ort, den Paulus und Barnabas, die nunmehr ohne Johannes Markus weiterreisten, als nächstes Reiseziel ansteuerten.

Wurden die zwei Missionare von Sergius Paulus in Paphos ermuntert, ihre Botschaft nach Kleinasien zu tragen? Es ist durchaus vorstellbar, dass der bekehrte Statthalter aus der römischen Kolonie Antiochia stammte, und dass Lukas Zugang zu solchen Lokalüberlieferungen besaß, die er in seinem Geschichtswerk verarbeiten konnte.

Mit Antiochia betraten die zwei Verkündiger die größte Stadt ihrer Reise in der Provinz Galatien, gegründet im 3. Jh. v. Chr. von dem Seleukiden Seleukus Nikator I. Als Paulus dort missionierte, hatte sie ungefähr 10.000 Einwohner, eine Mischbevölkerung aus Pisidiern, Phrygiern, Galatern, Griechen und Juden. Um die Region mit ihren unterschiedlichen Stämmen zu befrieden, hatten die Römer 25/24 v. Chr. hier eine Kolonie gegründet, in der sie Veteranen ansiedelten. →

Über eventuelle Missionsstrategien und ihre Umsetzung sowie über einen Reiseplan kann angesichts der Ereignisse an den jeweiligen Orten der Missionierungen, von denen Lukas erzählt, nur gemutmaßt werden. Dem Missionsschema der Apostelgeschichte zufolge gingen Paulus und Barnabas am Sabbat immer zuerst in die örtlichen Synagogen, wo sie nach der Lesung von Gesetz und Propheten frei sprechen konnten. In der wichtigen Stadt Antiochien in Pisidien lässt Lukas den Apostel eine exemplarische Missionspredigt halten, die die Geschichte Israels zum Ausgangspunkt nimmt, um von dort aus das Jesusgeschehen als Erfüllung der Verheißungen zu interpretieren (Apg 13,16–41). Von Lukas hören wir, dass die Rede des Paulus unter Juden und Proselyten Anklang fand, so dass am folgenden Sabbat »die ganze Stadt zusammenkam, um das Wort des Herrn zu hören« (Apg 13,44).

Für die erste Missionsreise weiß Lukas auch sonst von einem größeren Missionserfolg vor allem unter Heiden zu berichten (Apg 13,48 f.). Die positive Aufnahme der Verkündigung und der Zustrom von Heiden, die der Synagoge nahestanden, führt der Geschichtsschreiber als Gründe für den wachsenden Unmut der Juden gegen Paulus und Barnabas an. Von den jüdischen Bevölkerungsteilen wird berichtet, dass sie in Antiochia die »gottesfürchtigen und vornehmen Frauen und die Ersten der Stadt« gegen Paulus und Barnabas aufbrachten. In Ikonion dagegen, wo Paulus und Barnabas bei ihrer Mission ähnlich vorgingen, spaltete sich das Volk in Anhänger und solche, die die Missionare steinigen wollten. Aus Antiochia und Ikonion mussten Paulus und Barnabas jeweils in den nächsten Ort fliehen. Juden aus Antiochia und Ikonion verfolgten die beiden bis nach Lystra und ließen Paulus schließlich steinigen (Apg 14,19). Auch hier stimmt der Bericht der Apostelgeschichte über die unterschiedlichen Widerstände, auf die die Apostel an den verschiedenen Orten trafen, mit unserem Wissen über die lokalpolitischen Verfassungen der Städte überein: Anders als Antiochia stand Ikonion nur z. T. unter römischer Führung, weshalb hier nicht ein Prokonsul (wie in Korinth, wo Paulus später vor den Statthalter Gallio geführt wurde) oder die führende Aristokratie (wie in Antiochia) gegen Paulus vorgingen, sondern sich die Bevölkerung selbst gegen die Verkündiger erhob.

Lokalkolorit kann Lukas auch für die nächste Station anbieten, die Paulus und Barnabas bereisten: die 30 km südlich gelegene römische Militärkolonie Lystra, ein kleinerer Ort mit einer ländlich geprägten, griechisch und lykaonisch sprechenden Bevölkerung (vgl. Apg 14,11). Hier wurden Zeus und Hermes verehrt und der Glaube gepflegt, dass sich beide Götter in Menschengestalt zeigen würden. Der paulinische Aufenthalt in Lystra während der ersten Missionsreise wird mit diesen religiösen Besonderheiten verwoben: Als Paulus »das Wort verkündigte« und einen von Geburt an gelähmten Mann heilte, glaubte das Volk, Zeus und Hermes seien in Gestalt der beiden Verkündiger zu ihnen gekommen. Priester des vor der Stadt gelegenen Zeustempels bereiteten Stieropfer für Paulus und Barnabas vor und brachten Kränze dar, um dem Wetter- und Vegetationsgott zu huldigen (Apg 14,12 f.). Die Episode in Lystra entspricht dem Bild, das wir von der Zeusverehrung in Kleinasien besitzen. Auch dies gibt uns Hinweis, dass die Schilderungen der Reisen des Paulus in der Apostelgeschichte mit zahlreichen Lokaltraditionen angereichert sind.

Auf ihrem Rückweg nach Antiochia am Orontes missionierten die zwei Gesandten der antiochenischen Gemeinde noch in Perge in Pamphylien, das sie bereits auf dem Hinweg durchzogen hatten. Vom Hafen Attalia schließlich segelten sie über den Orontes direkt bis nach Antiochia, dem Ausgangspunkt ihrer Reise.

»MITBRINGSEL« DER ERSTEN MISSIONSREISE: FOLGEN FÜR DIE GESCHICHTE DES FRÜHEN CHRISTENTUMS

Von ihrer ersten Reise, auf der sie das Christuszeugnis weitergaben, konnten die zwei Missionare nach dem Bild, das wir aus der Apostelgeschichte und den Paulusbriefen zusammensetzen können, zwar einige Anekdoten und interessante Reiseeindrücke berichten. Viel wichtiger aber war, dass sie zentrale, klärungsbedürftige theologische *Fragen* mitbrachten. Diese lauteten, wie die neu gewonnenen Heidenchristen in Zukunft mit Judenchristen zusammenleben können und welche Bedeutung der Beschneidung, dem Gesetz und den Reinheitsbestimmungen dabei zukommt.

Das Nachdenken darüber und der Klärungsversuch auf dem bald nach der ersten Missionsreise stattfindenden Apostelkonvent in Jerusalem brachten das frühe Christentum einen wesentlichen Schritt weiter und trieben die Ausbreitung des Christusglaubens unter Heiden voran. Dass über solche Themen dennoch immer wieder Konflikte entbrannten, zeigen die Auseinandersetzungen, die Paulus im Galaterbrief mit den gegnerischen Missionaren führte und die ihn schließlich im Römerbrief zu grundsätzlichen Reflexionen über die Bedeutung des Christusgeschehens für Juden und Heiden anregten. Vielleicht bildeten sich einige Kerngedanken, die Paulus viel später dazu formulieren sollte, bereits unterwegs, auf den langen Fußmärschen seiner Reise durch Zypern und Kleinasien.

Christine Jacobi ist Mitarbeiterin am Lehrstuhl für Theologie und Exegese des Neuen Testaments an der Humboldt-Universität zu Berlin.

Literatur:

Cilliers Breytenbach: Die erste Missionsreise, in: Friedrich Wilhelm Horn (Hg.), Paulus Handbuch, Tübingen 2013, 98–103.

Fatih Cimok: Die Reisen des Paulus. Von Tarsus bis ans Ende der Welt, übers. von Yusuf Dehrioğlu, Istanbul 2010.

KREUZWEG

Ein Gottesdienstprojekt für die Konfirmandenarbeit oder als gemeindeübergreifendes Angebot

Matthias Röhm

Thema: Ein Kreuzweggottesdienst
Zielgruppe: Konfirmandinnen und Konfirmanden, Jugendliche, andere Gemeindegruppen
Setting: Idealerweise an einem Samstag die Erarbeitung und Karfreitag gemeinsamer Gottesdienst
Verankerung im Kirchenjahr: Passionszeit – Karfreitags-Gottesdienst
Theologischer Grundgedanke: Das Leiden Jesu als »Mit-Leiden«
Biblischer Bezug: Passionsgeschichte nach Markus
Mitwirkende: Konfis, Teamer, Mitarbeitende in der KA
Vorbereitungszeit: ca. 3 Stunden
Materialien: Vorhalten von Kreativmaterial. Abhängig von eigenen Möglichkeiten

Praktisch-religionspädagogische Überlegungen

Die Tradition der Kreuzwege entstand durch Christen in Jerusalem, die den Weg Jesu vom Haus des Pilatus nach Golgatha nachgingen. Auf dieser »Via Dolorosa« machten sie an einzelnen Stationen Halt, um zu beten und des Leidens Jesu zu gedenken. Über Pilger kam diese Tradition nach Europa, wo Kreuzwege als Stationenwege angelegt wurden, wie wir sie heute noch an vielen Orten vorfinden. Ab dem 17. Jahrhundert entstanden auch Kreuzwege innerhalb von Kirchen, wo Bilder, Statuen oder andere Darstellungen zum Innehalten und Beten einladen. Waren es ursprünglich in Jerusalem lediglich zwei Stationen, ebendas Haus des Pilatus und Golgatha, entwickelten sich im Laufe der Zeit Wege mit bis zu 15 Stationen. Einige davon, wie z. B. das Reichen des Schweißtuches der Veronika, haben ihren Ursprung nicht in der Bibel, sondern in der sich reich entwickelnden Volksfrömmigkeit. Bis heute erfreuen sich Kreuzwege in ganz verschiedenen Erscheinungsformen einer großen Beliebtheit als Orte des Betens, des Gedenkens und der Meditation.

(Nicht nur) für Jugendliche gibt es z. B. den Jugendkreuzweg, der bereits seit 1972 ökumenisch verantwortet wird (http://www.jugendkreuzweg-online.de). Zudem gibt es viele Materialien zur Erarbeitung von Kreuzwegen im schulischen und gemeindlichen Kontext. Religionspädagogisch spannend wird es dann, wenn es gelingt, zu dem Beten und Gedenken des Leidens Jesu in der Meditation den persönlichen Lebensbezug zu setzen, wo sie etwas mit mir und meinem Leben zu tun haben. Grundlegende Gefühle und Erfahrungen bilden hier eine Brücke zwischen dem ganz Anderen im Leiden Jesu und dem eigenen Leben. Das »Mit-Leiden« von Jesu und uns kommt in den Fokus. Darum soll es bei dem vorliegenden Entwurf gehen.

Didaktisch-methodische Entscheidungen

Im Unterschied zu den »klassischen« Kreuzwegen konzentrieren wir uns auf vier Stationen, die an Karfreitag das Kernelement des Gottesdienstes ausmachen und in denen menschliche Grunderfahrungen mit Erfahrungen Jesu auf seinem Kreuzweg in Verbindung gebracht werden. Didaktisch soll es nicht darum gehen, in einzelnen Stationen den objektiven Sinn der Texte exegetisch zu erarbeiten, sondern die →

subjektorientierte Erschließung der Passionstexte aus dem Markusevangelium steht im Vordergrund: Was macht der Text mit mir? Wo docke ich mit meinen Erfahrungen und Gefühlen an? Es geht um die Rolle der Jugendlichen beim Lesen, um den subjektiven Sinn, der im Akt des Lesens oder Hörens entsteht. Diesen Ansatz nennt man »Rezeptionsästhetik« oder »Rezeptions-Hermeneutik« (Fricke, 225). Das bedeutet dann auch, dass man diesen Akt des Lesens oder Hörens entsprechend inszenieren kann und dadurch verschiedene »Sinn-Erschließungen« ermöglicht. Es ist ein Unterschied, wo und wie wir einen Bibeltext lesen. Im Stehen um das Kreuz im Kirchraum bei Kerzenlicht eröffnet die Sterbeszene Jesu ganz andere Deutungshorizonte als am Tisch im Gruppenraum. Darum ist es gut, bereits die Erarbeitungen der einzelnen Stationen im Kirchraum oder aber an einem anderen angemessenen Ort, der Deutungsräume eröffnet, vorzunehmen.

Die Stationen erhalten Titel, die im Präsens formuliert sind. Damit wird zum Ausdruck gebracht, dass es nicht um geschichtlich abgeschlossene Erfahrungen geht, sondern um Erfahrungen und Gefühle, die bis heute aktuell sind, auch in der Lebens- und Erfahrungswelt der Konfis.

Station 1:
Jesus hat Angst *(Markus 14,32–42)*

Station 2:
Jesus wird gefesselt
(Markus 14,43–52; 15,1)

Station 3:
Jesus wird verurteilt
(Markus 15,6–15)

Station 4:
Jesus stirbt *(Markus 16,20b–39)*

In den Erarbeitungsphasen geht es zuerst einmal darum, den Text für sich zu erschließen. Gut geeignet sind hier z. B. die Methoden Bibliolog (http://www.josefstal.de/bibliolog/index.html) oder »Bibel teilen«, da sie eigene Deutungsräume in besonderer Weise eröffnen. Weitere Methoden der Bibelarbeit finden sich aber auch z. B. in dem 2013 erschienenen Arbeitsbuch von Frank Troue. Die verschiedenen Deutungen, Erfahrungen, Gefühle, Wahrnehmungen der Konfis werden miteinander ins Gespräch gebracht. Das geschieht einmal ganz klassisch im Gespräch (Theologisieren; Röhm, 31), aber auch in Form von anderen, kreativen Methoden wie Schreibgespräche, Skulpturen, Theaterszenen etc. Das hängt von den jeweiligen Voraussetzungen vor Ort (Raum, Gruppe, Leitung) ab. Hier entwickelt sich bereits, was später bei der Kreuzwegstation das Element Bild ausmacht. Denn im Gottesdienst sind die Stationen nach dem Drei-Klang »Bild – Text – Gebet« aufgebaut. Allerdings muss es sich hier nicht nur um ein Bild handeln. Denkbar ist vieles: eine Installation, ein Standbild, ein Bodenbild, Skulptur, Mobile, ein Tanz etc. Der Fantasie sind hier keine Grenzen gesetzt. Wichtig ist nur, dass man vorher eine Ahnung hat, was sein könnte, um dann für die kreativen Umsetzungen die Voraussetzungen zu schaffen und die Materialien bereitzuhalten.

Im Gottesdienst selbst könnte es dann so aussehen: Die Stationen sind auf den Kirchraum verteilt, es gibt eine besondere Liturgie. Die Kreuzweggemeinde macht sich auf den Weg und erreicht eine Station. Dort meditatives Betrachten des Bildes. Dann Verlesen des Bibeltextes. Wieder meditative Stille. Gebet. Stille. Weiterziehen. Eine solche Vorgabe erleichtert das Arbeiten für die Jugendlichen, doch besteht auch hier die Freiheit, es ganz anders zu gestalten. Wichtig ist für mich dabei das Gebet.

Im Gebet haben all die Gedanken, Äußerungen, Gefühle und Erfahrungen ihren Raum, die bei der Auseinandersetzung mit dem Bibeltext hervortraten. Hier kommen die Jugendlichen selbst vor mit dem, was sie beschäftigt, mit ihren Vorstellungen, Wünschen, Sorgen, Bitten. Während ein Teil der Gruppe sich um die Gestaltung des »Bildes« kümmert, verfasst eine andere aufgrund der Ergebnisse des bisherigen Prozesses das Gebet für die Station. In einem abschließenden Prozess werden die einzelnen Elemente einer Station verbunden und eine Dramaturgie wird entwickelt, die stimmig ist und dann geprobt wird.

Alternativ können einzelne Stationen auch an andere Gemeindegruppen oder an eine Religionsklasse einer Schule gegeben werden, so dass der Gottesdienst von verschiedenen Gruppen gemeinsam getragen wird.

Ablauf:
- Ankommen und Erklärung der Tagesstruktur/Einführung ins Thema
- Gruppeneinteilung auf Kreuzwegstationen
- Bibelarbeit
- Kreative Umsetzung
- Gebetswerkstatt
- Eine Kreuzweg-Dramaturgie entwickeln und probeweise durchführen
- Tagesabschluss
- Gottesdienstfeier am Karfreitag

*Die Stationen am Beispiel
der Station 1 »Jesus hat Angst«*
Für die Bibelarbeit wird ein Stuhlkreis gestellt, unter den Stühlen liegen umgedreht Kopien des Textes Markus 14,32–42 und ein Stift. In der Mitte liegt eine Bibel, steht eine Kerze. Die Methode »Bibel teilen« wird vorgestellt und mit dem Entzünden der Kerze geht es los. Die Bibel wird aufgeschlagen, und dann von Lesendem zu Lesendem weitergereicht, danach wird nach den Vorgaben der Schritte gearbeitet.

Methode »Bibel teilen«

*»Bibel-Teilen« ist auch als »Sieben-Schritte-Methode« bekannt und wurde in dem katholischen »Missiologischen Institut Lumko«
in Delmenville/Südafrika für Nachbarschafts-Meditationsgruppen entwickelt, die einen Zugang zur Bibel suchten.*

1. Schritt: Einladen

Mit einem Gebet oder einem Lied wird Gott/Christus in die Gruppe eingeladen (z. B. Laudate omnes gentes).

2. Schritt: Lesen

Der Bibeltext wird laut gelesen. Die Teilnehmenden lesen reihum einen Satz.

3. Schritt: Verweilen

Stille. Welche Wörter, Sätze, Wendungen klingen nach? (Evtl. im Text anstreichen.) In die Stille hinein äußern Einzelne ihnen wichtig gewordene Worte, Sätze, Verse. Niemand kommentiert. Nach jeder Äußerung erfolgt eine kurze Besinnungspause, in der jede/r für sich das Gehörte innerlich zwei- oder dreimal wiederholt, damit es »einsickern« kann. Jede/r darf, niemand muss zu Wort kommen. Zum Abschluss dieses Schrittes liest eine/r noch einmal laut und langsam den ganzen Text.

4. Schritt: Schweigen

In der Stille wirkt der Text nach: Hat er eine besondere Bedeutung, Botschaft für mich? Berührt, freut, ärgert, überrascht mich etwas? Habe ich etwas im Text wahrgenommen, was ich noch nie entdeckt habe? (Anfang und Ende der Stille – drei bis fünf Min. – wird von der Leitung angesagt.)

5. Schritt: Teilen – Sich Austauschen

Gespräch: Wo hat mich ein Satz, ein Vers, ein Bild, eine Passage berührt, angesprochen, geärgert, erstaunt? Verbinde ich ein besonderes Erlebnis, eine Erfahrung mit dem Text? Jede Äußerung hat ihr Recht. Es gibt kein richtig/falsch. Keine Äußerung wird kommentiert oder kritisiert.

6. Schritt: Handeln

In welche Situation spricht der Text heute? Wovor warnt er, wozu ermutigt er? Welche Aufgabe stellt er? Was kann ich in meinem Alltag umsetzen?

7. Schritt: Beten/Lied

Ein Gebet oder Lied markieren den Abschluss

Im Anschluss werden im theologischen Gespräch (Röhm, 31) die wichtigsten Elemente zum Thema Angst, die bei der Bibelarbeit zu Tage traten, aufgegriffen, ausgetauscht und weitergedacht. In Kleingruppen werden Ideen entwickelt, wie man diese Station anhand der Materialien gestalten kann, die bereitliegen. Es wird überlegt, wo im Kirchraum wohl ein guter Ort für diese Station sein könnte. Die Station wird gestaltet, ein Gebet formuliert, das die wichtigsten Elemente aufnimmt. Eine Dramaturgie für die Station wird entwickelt und geprobt.

Der Gottesdienst

Alles ist vorbereitet. Der Kreuzweg wird liturgisch in den Gottesdienst eingebettet, der Kreuzweg ist der Gottesdienst. Der Weg zwischen den Stationen wird von Musik begleitet, nach dem Gebet der Station 4 schweigt die Orgel. Stille tritt ein, das Vaterunser (ohne Glocken) und der Segen schließen den Gottesdienst ab.

Literatur:

Michael Fricke: »Schwierige Texte« im Religionsunterricht, Arbeiten zur Religionspädagogik Band 26, Göttingen 2005.

Frank Troue: 44+4 Methoden für die Bibelarbeit, Mit Kopiervorlagen für Klasse 3 bis 10. München 2013.

Matthias Röhm, Das Thema Leiden in der Konfirmandenzeit, Eine Projektskizze, in: Praxis Gemeindepädagogik Heft 2-2013, Leipzig 2013.

Matthias Röhm, Studienleiter für religiöse Bildung im Jugendalter und Konfirmandenarbeit im Amt für kirchliche Dienste in der Evangelischen Kirche Berlin-Brandenburg-schlesische Oberlausitz (EKBO), Berlin.

Bibliolog –
eine Texterfahrung, als wären wir dabei!

Die Geschichte vom »ungläubigen Thomas« (Joh 20)
aus unterschiedlichen Rollenperspektiven

Gisela Hahn-Rietberg

Ein Bibliolog ermöglicht es den Teilnehmenden, eine biblische Geschichte »hautnah« zu erleben, als wären sie als Augenzeugen direkt dabei. *Wie aber funktioniert das?*

Die Teilnehmenden werden aus ihrer gegenwärtigen Wirklichkeit imaginativ in die Welt der Bibel ›entführt‹. Am Beispiel der Geschichte vom ›ungläubigen Thomas‹ kann das folgendermaßen gehen:

»Wir reisen zurück in die Zeit des Neuen Testaments und kommen an in Jerusalem. Dort wurde Jesus vor drei Tagen gekreuzigt und das Gerücht, er sei wieder ins Leben zurückgekommen, verbreitet sich schnell, aber die Jünger glauben es nicht.«

Eine Szene ist eröffnet, in diesem Fall schildert sie eine Gegebenheit am Ostermorgen. Jesus ist zwar bereits auferstanden, die Leichentücher sind zu sehen und das Grab ist leer, aber die Jüngerinnen und Jünger können sich noch keinen Reim darauf machen. Viele Fragen bleiben offen und schaffen damit

eine Verbindung zwischen den Bibliologteilnehmenden, die nach der Bedeutung der Auferstehung fragen, und den Jüngerinnen und Jüngern. Jene befinden sich mitten im Geschehen und haben in ihrer Fantasie ihre Stühle, auf denen sie gerade sitzen, längst verlassen.

1. Vielstimmigkeit erwünscht!

Dann konkretisiert sich das Erleben. Der Textraum wird eröffnet und die Handlung der Geschichte beginnt mit einer Lesung aus der Bibel (Joh 20):

»Am Abend aber dieses ersten Tages der Woche, als die Jünger versammelt und die Türen verschlossen waren aus Furcht vor den Juden, kam Jesus und trat mitten unter sie und spricht zu ihnen: Friede sei mit euch!«

Danach erfolgt die Einladung, das Geschehen aus der Perspektive eines Jüngers zu betrachten. Folgende Frage wird gestellt: »Jünger, du hast Jesus gerade mit deinen eigenen Augen gesehen und gehört, was löst das in dir aus?«

Für einen Augenblick übernehmen alle Bibliologteilnehmende die Rolle dieses Jüngers. Dadurch sind sie nicht nur Beobachter des Geschehens, sondern erleben die Szene auch aus einer konkreten Rollenperspektive.

Als Jünger werden die Teilnehmenden nun gebeten, ihre Gedanken zu äußern. Diese werden von der Bibliologleitung wertschätzend mit eigenen Worten wiedergegeben, so dass ein Prozess der Verlangsamung entsteht. Rückmeldungen zur Rolle sind dabei erwünscht! Diese bleiben nebeneinander stehen, da der Bibliolog einen Raum für die Vielstimmigkeit des Textes eröffnen möchte. Der eine Jünger zweifelt, der andere erinnert sich an die Ankündigung Jesu, dass er auferstehen wird, ein Dritter glaubt, er sei von Sinnen usw.

Die Teilnehmenden geben dem Nichtgesagten ihre Stimme, sie sprechen zwar als Jünger, die Antworten aber stammen aus ihrer eigenen Erfahrungswelt. Auf diese Weise wird eine Brücke gebaut zwischen Text und Teilnehmenden, so

»Der ungläubige Thomas« (um 1602), Ölgemälde von Michelangelo Merisi da Caravaggio

dass ein längst vergangenes Geschehen lebendig wird.

Nach den Rollenrückmeldungen geht die Reise im Text weiter. In der Regel werden drei bis maximal fünf Rollenangebote gemacht. Vor jedem Rollenangebot wird der Text im Wortlaut vorgelesen.

Die Thomasgeschichte wird dann – wie bei einem Film – angehalten und Thomas erhält in dem Augenblick, in dem er von seinen Freunden erfährt, dass er die Begegnung mit Jesus verpasst hat, eine Stimme. Auch hier dienen die unterschiedlichen Rollenrückmeldungen der Lebendigkeit des Textes. Ein Thomas ist entsetzt: »Schon wieder ich!« Einer zweifelt die Ernsthaftigkeit der Jünger an, ein weiterer fühlt sich völlig ausgeschlossen. Danach wird der Faden des Textes durch erneutes Lesen weitergesponnen.

»Er aber sprach zu ihnen: Wenn ich nicht in seinen Händen die Nägelmale sehe und meinen Finger in die Nägelmale lege und meine Hand in seine Sei-

te lege, kann ich's nicht glauben. Und nach acht Tagen waren seine Jünger abermals drinnen versammelt und Thomas war bei ihnen. Kommt Jesus, als die Türen verschlossen waren, und tritt mitten unter sie und spricht: Friede sei mit euch!«

2. Auch nichtmenschliche Rollen sind möglich!

Die nächste Rolle gibt den Teilnehmenden die Möglichkeit, sich dem Geschehen aus der Perspektive einer Tür zu nähern. Die Tür wird gefragt, was sie erlebt hat, als Jesus in den Raum kam, obwohl sie als Tür verschlossen war.

Nichtmenschliche Rollen sind eine Chance, das Geschehen aus einer nichtpersonalen Sicht zu verfolgen. Als Tür hat der/die Teilnehmende die Möglichkeit, sich Gedanken über das Geheimnis des Auferstandenen zu machen, der nicht an die physikalischen Gesetzmäßigkeiten gebunden ist, genauso wie über die Tatsache, dass die Tür – obwohl

verschlossen – nicht verhindern konnte, dass Jesus eintrat.

3. Dramaturgie des Textes wird aufgenommen!

Er folgt der Höhepunkt des Textes, der in unzähligen Bildern der Kunst festgehalten wurde.

»Reiche deinen Finger her und sieh meine Hände, und reiche deine Hand her und lege sie in meine Seite, und sei nicht ungläubig, sondern gläubig!«

Noch einmal kommt Thomas zu Wort. Gerade hat er dieses unglaubliche Angebot Jesu gehört und so wird er gefragt: »Was löst diese Einladung, Jesus zu berühren, in dir aus?« Verschiedene Emotionen können an dieser Stelle von Belang sein, auch Gefühle wie Ekel oder Scheu! Aber auch Fragen wie: »Woher kennt er meine Gedanken«, »Ich würde gerne, aber traue mich nicht!« etc.

Der Bibliolog lädt zum genauen Lesen des Textes ein. Während diese Szene in der Kunstgeschichte oft so dargestellt wird, als ob Thomas tatsächlich →

Interessenten an der Bibliologarbeit wenden sich bitte an das Netzwerk Bibliolog – **www.bibliolog.de**. *Die Geschäftsstelle des Netzwerkes ist erreichbar über die E-Mail-Adresse* **studienzentrum@josefstal.de**

dem Angebot Jesu gefolgt wäre und seine Wunden berührt hätte, bleibt dies im Text offen. Im Text sagt Jesus lediglich:

»Weil du mich gesehen hast, Thomas, darum glaubst du. Selig sind, die nicht sehen und doch glauben.«

Nach diesem Satz ließe sich nun eine weitere Rolle hinzufügen. Eine Jüngerin mit Namen Susanna könnte darüber befragt werden, was dieser Satz – fünf Jahre, nachdem Jesus in die Welt Gottes zurückgekehrt ist – in ihr auslöst. Die Rolle Susannas wäre eine Rolle, die dem Text als solchem nicht zu entnehmen ist. Wir wissen jedoch, dass die Geschichten über Jesus mündlich weitergegeben wurden, und so würde mit dieser Rolle einer dieser Personen eine Stimme gegeben. In diesem Fall würde sich die Bibliologleitung für eine Frau entscheiden, damit auch der weibliche Blick auf den Text zur Sprache kommen kann.

Die Reise durch den Text ist nach erneuter Rollenrückmeldung zu Ende. Die Teilnehmenden streifen ihre Rollen nun ab, reisen imaginativ von Jerusalem zurück in die Gegenwart zurück und kommen in ihrem jeweiligen Setting an.

4. Ausschlaggebend ist letztlich der biblische Text

Abschließend wird der gesamte biblische Text noch einmal gelesen, denn der Text – und nicht die Assoziationen der Teilnehmenden – ist letztlich ausschlaggebend. Hier zeigt sich die große Wertschätzung der Bibel. Dieses Mal nähern sich die Teilnehmenden der Text-

stelle nicht als Augenzeugen, sondern vielmehr als Menschen im Hier und Jetzt. Auch beim Hören verschmelzen noch einmal die im Bibliolog gemachten Erfahrungen mit der eigenen Person. Fragen werden aufgeworfen, die Teilnehmenden fühlen sich vom Text angesprochen, vielleicht finden sich auch Antworten für eigene Lebensthemen etc.

5. Texterfahrung und Selbstbegegnung

Auch wenn der Bibliolog in erster Linie eine Texterfahrung ist, die das Lebendigwerden des Textes im eigenen Lebenskontext ermöglichen will, so ist eine Selbsterfahrung im Sinne einer Selbstbegegnung willkommen. Im Unterschied zum Bibliodrama wird dies jedoch nicht notwendigerweise auch thematisiert. Die Teilnehmenden, die sich als Augenzeugen nach Jerusalem begeben haben, setzen sich in ihren Rollen mit Fragen auseinander, die sie auch aus ihrem eigenen Leben kennen:

- Kann es sein, dass uns Jesus und Gott in unserem jetzigen Leben begegnet?
- Wie und auf welche Weise kann dies geschehen?
- Kommt er auch zu mir, selbst wenn meine Tür verschlossen ist?
- Kennt Gott meine Gedanken und meine Zweifel?
- Geht er darauf ein, wie damals bei Thomas?
- Wie kann ich glauben, ohne zu sehen?

Durch die Beschäftigung mit diesen Fragen als Menschen im Hier und Jetzt verbindet sich das Geschehen des Textes mit der eigenen Person und wird dort wirkmächtig.

6. Bibliolog – eine nachhaltige Bibelerfahrung

Bibliologerfahrungen sind nachhaltig. An die Texte erinnert man sich noch lange nach Ende des Bibliologs, da sie sich im eigenen Erleben verankert haben. Auch nach Wochen und Monaten sind einzelne Fragmente präsent und eine auf den Text zurückzuführende Frage oder Antwort taucht auf. Bibliolog – eine Reise in die Welt der Bibel; genau wie jede andere Reise bildet, so bildet auch eine Bibliologreise. In diesem Fall bereichert sie uns seelisch bzw. theologisch und fördert unsere spirituelle Kompetenz. Darüber hinaus wird unsere alltägliche Gesprächskultur durch die Fähigkeit erweitert, sich gegenseitig zuzuhören und die Gedanken anderer unwidersprochen stehen zu lassen.

Gisela Hahn-Rietberg, Pfarrerin, Religionslehrerin, Bibliolog- und Bibliodramatrainerin, lebt in Engelsbrand bei Pforzheim.

Pfingsten

Religionssensible Offenheit und interreligiöse Bildung

Helgard Jamal

»Da kam der Heilige Geist über die Welt – aber bewirkt hat's nix«, so die Antwort einer Passantin, die von Konfirmanden aus Wiesbach zu »Was ist Pfingsten?« befragt wurde. Auf YouTube, am 06.06.2012 von Stefan Mendling hochgeladen, sind die Umfrageergebnisse zu sehen; die häufigste Antwort auf die Frage oben: »Keine Ahnung!«

Religiöse Vielfalt

Heute ist ein Kind je nach Einzugsgebiet völlig unterschiedlich geprägt, schon in den Ursprungsfamilien des Kindes können unterschiedliche Religionszugehörigkeiten und Menschen ohne Religionszugehörigkeit aufeinander treffen und ein Kind entsprechend verwurzeln. Kinder sollen die eigene religiöse Heimat entdecken, sich für fremde Religionen und Weltanschauungen öffnen können und gegenseitigen Respekt und einen friedlichen Umgang miteinander einüben. Deshalb müssen die Familienwurzeln eines Kindes feinfühlig erfragt und geachtet werden.

Diese »religionssensible Offenheit« (Jamal 2014) ist die Voraussetzung für *interreligiöse Bildung.*

Die religionssensible Offenheit ist ein notwendiger Schritt in der Praxis, damit kein Nährboden für Missverständnisse, Vorurteile und Ausgrenzungen geschaffen wird. Religiöse Themen dürfen nicht ignoriert oder tabuisiert werden, sondern vor Ort müssen religionskundige Erzieherinnen und Erzieher Wissen vermitteln und eine Identitätsbildung unter Rücksichtnahme auf die eigenen Wurzeln des Kindes unterstützen. Die Kenntnisse von hilfreichen Weisheiten und Geschichten aus den Religionen unterstützen den Religionsfrieden.

Die »religionssensible Erziehung« (Lechner 2011) setzt ein pädagogisch initiiertes und begleitetes Angebot mit religiösen Themen voraus, das m. E. der interreligiösen Bildung entspricht. Bildung zielt auf Wissen und auf eine Verantwortungsbereitschaft für den Mitmenschen – auf den Willen, sich gegenseitig durch eine achtsame Sprache zu verständigen. Zur interreligiösen Bildung gehört auch das Erzählen biblischer Geschichten.

Pfingsten – was sollen Kinder in der Kindertagesstätte oder im Kindergottesdienst erfahren?

Der Heilige Geist von Pfingsten ist ein lebendiger, Leben schaffender Geist, der Grenzziehungsdenken überwindet und Begegnung und Gemeinschaft ermöglicht. Die Vielfalt unter den Menschen wird als besonderer Segen Gottes verstanden.

In dem Buch: *Das Pfingstwunder. Der Heilige Geist* wird von Gemeinschaftserfahrungen im Judentum, Christentum und Islam berichtet, und es wird die Pfingstgeschichte für Kinder in 12 Szenen erzählt (Jamal 2009, 8–31).

Da heißt es zum Beispiel in zwei Szenen: »Plötzlich entsteht ein Brausen wie ein gewaltiger Wind und erfüllt das Haus in Jerusalem. Feuerzungen zerteilen sich und setzen sich auf die Köpfe der Menschen. Der Heilige Geist wird ausgegossen. Die 12 Jünger Jesu reden mit himmlischer Stimme von Gottes Liebe. Menschen aller Länder verstehen sie. Der Heilige Geist gibt Petrus Mut. Er

steht auf und sagt, was er glaubt: ›Der Heilige Geist begeistert uns, er gibt uns Kraft. Jesus wurde getötet, doch ist er auferstanden und nun im Himmel. Er gießt heute den Heiligen Geist aus. Dies entzündet unsere Hoffnung und Freude. Wir sind Feuer und Flamme für die Sache Jesu. Alle können uns verstehen. Jeder versteht die Sprache der Liebe!' Die Rede des Petrus trifft bei vielen Menschen mitten ins Herz. Das Herz wird ihnen schwer. Keiner ist gleichgültig, jeder ist betroffen. Der Heilige Geist wirkt von innen. Die Menschen fragen: ›Petrus, was sollen wir tun?‹ Petrus sagt: ›Reinigt eure Herzen!‹« *(nach Apostelgeschichte 2:2–4;14–38).* →

Helgard Jamal

Das Pfingstwunder

Der Heilige Geist

Mit Kindern Gott entdecken –
Mit Natur gestalten – Mit Figuren erzählen

112 S., geb., farbig illustriert, € 19,80
ISBN 978-3-936912-85-2

Band 12 aus der Reihe: Biblische Geschichten im
Elementarbereich in Begegnung mit Judentum und Islam

*Religionspädagogische
Praxis*

Die Geschichte zum Pfingstfest kann anschaulich mit der Methode »Biblisches Bodenbild« (Jamal 2006/2014) erarbeitet werden:

Interreligiöse Einleitung

Auf einer großen freien Mitte innerhalb eines Stuhl- oder Sitzkissenkreises wird ein Bodenbild gelegt, zunächst Himmel und Erde. Blaue Stoffe zeigen den Himmel. Grüne Stoffe das Weideland, braune Stoffe die Erdlandschaft, gelbe Stoffe die Wüstenlandschaft und blaue Stoffe das Wasser des Meeres, der Seen und Flüsse. In ausgesuchten Holzkörben und Holzschalen hinter dem Sitzkreis liegen die Figuren und Naturmaterialien bereit.

Die Erzieherin/der Erzieher erzählt mit eigenen Worten sinngemäß: »Juden, Christen und Muslime glauben, dass Gott die Welt erschaffen hat. Er ist der Schöpfer aller Pflanzen, Tiere und Menschen. Er liebt jeden Menschen – dich und mich und wünscht: Jeder soll den anderen Menschen so behandeln, wie er

selbst behandelt werden möchte! Das ist die Goldene Regel, die in allen Religionen erzählt wird. Gott hat uns den Himmel mit Sonne, Mond und den Sternen geschenkt und die Erde mit Acker, Wiesen, Flüssen, der Wüste, den Bergen und dem Meer. Wir bebauen jetzt die Erde und gestalten den Himmel. Zunächst legen wir Sterne in den Himmel.«

Die Erzieherin/der Erzieher verteilt reihum Strohhalme. Jedes Kind legt einen Stern oder schaut zu; es werden Sonne und Mond gelegt.

Es wird weiter erzählt: »Auf der Erde leben Tiere und Menschen.« Den Kindern werden Wassertiere, Tiere, die in der Luft fliegen, und Landtiere reihum angereicht. Jedes Kind kann ein Tier wählen. Die Kinder stellen die Tiere auf die Erde, in die Wüste, auf das Weideland oder ins Wasser und können die Tiere benennen.

Mit dieser kurzen Rückbesinnung auf die Schöpfungsgeschichte lernen Juden, Christen und Muslime, Kinder aus anderen Religionen und Kinder ohne Religionszugehörigkeit gleichermaßen und erkennen die Gemeinsamkeit der drei Abraham-Religionen: Gott ist Schöpfer. Sie erlernen die Goldene Regel aller Religionen und werden so für den Religionsfrieden sensibilisiert.

Biblische Geschichte

Die Erzieherin/der Erzieher erzählt nun die Pfingstgeschichte mit eigenen Worten. Die Figuren der zu erzählenden Geschichte liegen bereit. Wenn eine Person/Figur in der Geschichte in Aktion tritt, wird sie auf das Bodenbild gestellt. Es können die Figuren auch vorher an einzelne Kinder verteilt werden. Das kann die Konzentration besonders des Kindes fördern, das die Figur in den Händen hält. Dieses Kind wird dann während der Erzählung die Figur entsprechend auf das Bodenbild platzieren. Durch die Figuren wird für die Kinder die Zuordnung von Personen und Handlung vereinfacht. Naturmaterialien schmücken eine Szene aus. Mit einem Schlussritual endet die Erzählung.

Wenn Kinder die Pfingstgeschichte so erarbeitet haben, antworten sie als Erwachsene womöglich auf »Was ist Pfingsten?«: »Da kam der Heilige Geist in die Welt – und wirkt noch heute für Verständigung unter den Menschen!«

Dr. phil. Helgard Jamal, Dipl.-Pädagogin, ist Buchautorin und arbeitete 36 Jahre in der Ausbildung der Erzieher/innen und im Pastoralen Dienst in den Von Bodelschwinghsche Stiftungen Bethel, Hannover.

Literatur:

Helgard Jamal: »Biblische Bodenbildgestaltung« im Elementarbereich. In: Christoph Dahling-Sander/Helgard Jamal (Hrsg.): Abraham. – Mit Kindern Gott entdecken. Mit Natur gestalten. Mit Figuren erzählen. Biblische Geschichten in Begegnung mit Judentum und Islam. Hamburg 2006, 93–103.

Helgard Jamal: Bilderbuch. In: Christoph Dahling-Sander/Helgard Jamal (Hrsg.): Das Pfingstwunder. Der Heilige Geist. – Mit Kindern Gott entdecken. Mit Natur gestalten. Mit Figuren erzählen. Biblische Geschichten in Begegnung mit Judentum und Islam. Hamburg 2009, 8–31.

Helgard Jamal (Hrsg.): Noah – Mit Kindern Gott entdecken. Mit Natur gestalten. Mit Figuren erzählen. Biblische Geschichten in Begegnung mit Judentum und Islam. Berlin 2014.

Martin Lechner/Angelika Gabriel (Hrsg.): Brenn-Punkte. Religionssensible Erziehung in der Praxis. München 2011.

IMPRESSUM

PRAXIS GEMEINDEPÄDAGOGIK (PGP)
ehemals »Christenlehre/Religionsunterricht–PRAXIS«
ehemals »Die Christenlehre«

67. Jahrgang 2014, Heft 2

Herausgeber:
Amt für kirchliche Dienste in der Evangelischen Kirche Berlin-Brandenburg-schlesische Oberlausitz
Pädagogisch-Theologisches Institut der Nordkirche
Theologisch-Pädagogisches Institut der Evangelisch-Lutherischen Landeskirche Sachsens
Pädagogisch-Theologisches Institut der Evangelischen Kirche in Mitteldeutschland und der Evangelischen Landeskirche Anhalts

Anschrift der Redaktion:
Matthias Spenn, c/o Evangelische Verlagsanstalt GmbH, »PGP-Redaktion«, Blumenstraße 76, 04155 Leipzig, E-Mail ‹redaktion@praxis-gemeindepaedagogik.de›

Redaktionskreis:
Dr. Lars Charbonnier, Humboldt-Universität zu Berlin, Unter den Linden 6, 10099 Berlin
Wolfgang Lange, TPI der Ev.-Luth. Landeskirche Sachsens, Bahnhofstraße 9, 01468 Moritzburg
Petra Müller, Fachstelle Alter der Ev.-Luth. Kirche in Norddeutschland, Gartenstraße 20, 24103 Kiel
Matthias Röhm, Amt für kirchliche Dienste in der Ev. Kirche Berlin-Brandenburg-schlesische Oberlausitz, Goethestraße 26–30, 10625 Berlin
Dorothee Schneider, PTI der Ev. Kirche in Mitteldeutschland und der Landeskirche Anhalts, Zinzendorfplatz 3, 99192 Neudietendorf
Matthias Spenn, Amt für kirchliche Dienste in der Ev. Kirche Berlin-Brandenburg-schlesische Oberlausitz, Goethestraße 26–30, 10625 Berlin
Inga Teuber, Diakoniekrankenhaus Friederikenstift, Humboldtstraße 5, 30169 Hannover
Christine Ursel, Diakonie.Kolleg. Bayern, Pirckheimerstraße 6, 90408 Nürnberg
Redaktionsassistenz: Sophie Koenig, Evangelische Verlagsanstalt GmbH

Verlag: Evangelische Verlagsanstalt GmbH, Blumenstraße 76, 04155 Leipzig, www.eva-leipzig.de
Geschäftsführung: Arnd Brummer, Sebastian Knöfel

Gestaltung/Satz: Jens Luniak, Evangelisches Medienhaus GmbH

Druck: Druckerei Böhlau, Ranftsche Gasse 14, 04103 Leipzig

Anzeigen: Rainer Ott · Media | Buch- und Werbeservice, PF 1224, 76758 Rülzheim, Tel. (0 72 72) 91 93 19, Fax (0 72 72) 91 93 20, E-Mail ‹ott@ottmedia.com›
Es gilt die Anzeigenpreisliste Nr. 11 vom 1.1.2012

Abo-Service: Christine Herrmann, Evangelisches Medienhaus GmbH, Telefon (03 41) 7 11 41 22, Fax (03 41) 7 11 41 50, E-Mail ‹herrmann@emh-leipzig.de›

Zahlung mit Bankeinzug: Ein erteiltes Lastschriftmandat (früher Einzugsermächtigung genannt) bewirkt, dass der fällige Abo-Beitrag jeweils im ersten Monat des Berechnungszeitraums, in der letzten Woche, von Ihrem Bankkonto abgebucht wird. Deshalb bitte jede Änderung Ihrer Bankverbindung dem Abo-Service mitteilen. Die Gläubiger-Identifikationsnummer im Abbuchungstext auf dem Kontoauszug zeigt, wer abbucht – hier das Evangelische Medienhaus GmbH als Abo-Service der PRAXIS GEMEINDEPÄDAGOGIK.
Gläubiger-Identifikationsnummer: DE03EMH00000022516

Bezugsbedingungen: Erscheinungsweise viermal jährlich, jeweils im 1. Monat des Quartals. Das Jahresabonnement umfasst die Lieferung von vier Heften sowie den Zugriff für den Download der kompletten Hefte ab 01/2005. Das Abonnement verlängert sich um 12 Monate, wenn bis zu einem Monat vor Ende des Kalenderjahres keine Abbestellung vorliegt.

> Bitte Abo-Anschrift prüfen und jede Änderung dem Abo-Service mitteilen. Die Post sendet Zeitschriften nicht nach.

ISSN 1860-6946
ISBN 978-3-374-03775-9

Preise*: Jahresabonnement (inkl. Zustellung):
Privat: Inland € 36,00 (inkl. MwSt.), EU-Ausland € 42,00, Nicht-EU-Ausland € 46,00;
Institutionen: Inland € 44,00 (inkl. MwSt.), EU-Ausland € 50,00, Nicht-EU-Ausland € 54,00;
Rabatte – gegen jährlichen Nachweis:
Studenten 35 Prozent; Vikare 20 Prozent;
Einzelheft (zuzüglich Zustellung): € 12,00 (inkl. MwSt.)
* Stand 01.01.2014, Preisänderungen vorbehalten

Unsere nächste PGP-Ausgabe erscheint im Juli 2014.

Anna-Katharina Szagun: Glaubenswege begleiten –
neue Praxis religiösen Lernens
Lutherisches Verlagshaus, Hannover 2013, 288 Seiten,
ISBN 978-3-7859-1160-0 [Material-CD: ISBN 978-3-7859-1170-9]

Wolf-Jürgen Grabner: Auf Gottes Baustelle.
Gemeinde leiten und entwickeln
Evangelische Verlagsanstalt, Leipzig 2013, 136 Seiten,
ISBN 978-3-374-03186-3

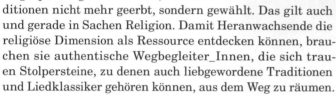

Bemerkenswerte Antworten auf die Frage nach Orientierung in konfessionsloser Zeit gibt die Religionspädagogin Anna-Katharina Szagun in ihrem Buch »Glaubenswege begleiten – Neue Praxis religiösen Lernens«.

In einer Gesellschaft, in der aus »Normalbiographien Wahl-, Bastel- und Risikobiographien« geworden sind, werden Traditionen nicht mehr geerbt, sondern gewählt. Das gilt auch und gerade in Sachen Religion. Damit Heranwachsende die religiöse Dimension als Ressource entdecken können, brauchen sie authentische Wegbegleiter_Innen, die sich trauen Stolpersteine, zu denen auch liebgewordene Traditionen und Liedklassiker gehören können, aus dem Weg zu räumen.

Die Autorin verknüpft grundlegende Erkenntnisse der modernen Neurobiologie und Religionspädagogik mit empirischen Einsichten aus ihrer Studie zur religiösen Entwicklung von Kindern in überwiegend konfessionslosem Umfeld.

Ergebnis ist ein Tutorial, das alle, die mit Kindern und Jugendlichen in Kirchengemeinde, Kindertagesstätte oder Schule arbeiten, anregt, ihre eigene Praxis einer Verjüngungskur zu unterziehen.

Die neue Praxis religiösen Lernens geht von der Stärkung religiöser Basiskompetenzen aus und wird gestützt durch ein bibeldidaktisches Konzept auf der Basis von Grunderfahrungen als Brücken zwischen Tradition und Situation. Dadurch wird Wegbegleitung auch in pluralem, multireligiösem Umfeld möglich.

Eine zentrale Rolle kommt dabei der Selbstwirksamkeit der Heranwachsenden zu. Statt Traditionsbilder zu kopieren, entwickeln sie ihr eigenes Glaubensverständnis. Eine Stärke dieses Buches ist, dass die Kinder und Jugendlichen dementsprechend durch zahlreiche Zitate und Abbildungen selbst zu Wort kommen, auch wenn die Übersichtlichkeit darunter zuweilen etwas leidet.

Ein ausführlicher Materialteil, optional auch mit CD, enthält eine Fülle von Anregungen. Hier bietet die Autorin einen reichhaltigen Mix von altbewährten und neuen Anregungen für die Praxis, die anschaulich und gut umsetzbar vorgestellt werden. Zu empfehlen sind insbesondere ihre Anregungen zu Visualisierungen, die viel Freiraum zu eigenen theologischen Schritten geben.

Kirsti Greier

Erfreulicherweise gewinnt das Thema »Leiten und Führen« in den Diskussionen um Kirche und Gemeinde der Gegenwart zunehmend an Gewicht. Wolf-Jürgen Grabner, Dozent am Wittenberger Predigerseminar, legt mit diesem Band zum ersten Mal ein Werk vor, dass explizit die Ehrenamtlichen in ihrer Leitungsfunktion in den Blick nimmt. Das Bild der Baustelle leitet Grabners Reflexionen über die Leitung und Entwicklung von Gemeinden. Mit diesem Band in der neuen Reihe »Theologie für die Gemeinde« möchte Grabner insbesondere die Leitungsgremien der Kirchengemeinden, also Kirchenvorstände, Gemeindekirchenräte und Presbyterien, dazu motivieren, sich ihren »Aufgaben engagiert, freudig und mit der nötigen Professionalität zu stellen« (6). Denn: »Der Lebens-Raum einer Kirchengemeinde muss gestaltet werden. Dafür ist das Leitungsgremium zuständig« (11).

In drei übersichtlichen Kapiteln stellt Grabner informatives Wissen und Reflexionen zur Verfügung, um diejenigen Qualifikationen zu beschreiben, die es dieser Aufgabe entsprechend braucht, um »sowohl den Wandel bewusst gestalten als auch Bewährtes erhalten« (Klappentext) zu können:

Im ersten Kapitel geht es um die Wahrnehmung der »Baustelle« und damit einer auf die Leitungsdimension konzentrierten Situationsbeschreibung der Struktur und Organisation einer Kirchengemeinde in den relevanten Kontexten. Hier werden biblische Traditionen des Leitens ebenso erörtert wie die heutigen Herausforderungen der Kirche im Spannungsfeld von Institution, Organisation und Bewegung oder die unterschiedlichen Ebenen kirchlichen Leitungshandelns. Ein zweites Kapitel widmet sich der Zusammenarbeit in der Gemeinde, die Grabner als »Bauleitung« beschreibt. Dazu werden grundsätzlichere Einsichten in die geistliche Dimension von Leitung oder die Gestaltung von Zusammenarbeit in Gruppen ebenso beschrieben wie Grundwissen über Kommunikation oder konkretes Anleitungswissen zur Gestaltung von Sitzungen. Auch das wichtige Thema »Konflikte«, gerade auch zwischen dem Leitungsgremium und den Pfarrpersonen, wird nicht ausgespart. Im dritten Kapitel schließlich wird der »Bauplan« in den Blick genommen und damit auf die Frage nach der Gestaltung von Veränderungsprozessen in Kirchengemeinden fokussiert. Anregungen zur mehrdimensionalen Wahrnehmung der Gemeinde werden hier genauso gegeben wie Einblicke in die Gestaltung von Leitbild- und Gemeindekonzeptionsprozessen und ihre Umsetzung. Ein angesichts der gegenwärtigen Situation wichtiger Exkurs zum Thema »Gemeindeentwicklung angesichts kleiner werdender Gemeinden« rundet das Büchlein ab.

Grabner gelingt es, in ansprechender Sprache und mit einer motivierenden Prise Leichtigkeit auch komplexere Inhalte für die gedachte Zielgruppe – aber nicht nur für sie – anregend und mit Sicherheit für die Praxis weiterführend darzustellen. Das Buch eignet sich deshalb sehr gut als Willkommensgeschenk für neue Ehrenamtliche in gemeindeleitenden Gremien oder als Grundlage für eine Klausurtagung.

Lars Charbonnier